| 光明社科文库 |

红十字国际委员会对国际人道法的贡献

缪　露◎著

光明日报出版社

图书在版编目（CIP）数据

红十字国际委员会对国际人道法的贡献 / 缪露著 .-- 北京：光明日报出版社，2019.6

（光明社科文库）

ISBN 978-7-5194-5385-5

Ⅰ.①红… Ⅱ.①缪… Ⅲ.①战争法—研究 Ⅳ.① D995

中国版本图书馆 CIP 数据核字（2019）第 113944 号

红十字国际委员会对国际人道法的贡献

GONGSHIZI GUOJI WEIYUANHUI DUI GUOJI REN DAO FA DE GONGXIAN

著　　者：缪　露

责任编辑：曹美娜　朱　然　　　　责任校对：赵鸣鸣
封面设计：中联学林　　　　　　　责任印制：曹　净

出版发行：光明日报出版社
地　　址：北京市西城区永安路 106 号，100050
电　　话：010-63131930(邮购)
传　　真：010-63169890
网　　址：http://book.gmw.cn
E - mail：caomeina@gmw.cn
法律顾问：北京德恒律师事务所龚柳方律师，电话：010-67019571

印　　刷：三河市华东印刷有限公司
装　　订：三河市华东印刷有限公司
本书如有破损、缺页、装订错误，请与本社联系调换

开　　本：170mm×240mm
字　　数：168 千字　　　　　　　印　　张：13.5
版　　次：2020 年 1 月第 1 版　　印　　次：2020 年 1 月第 1 次印刷
书　　号：ISBN 978-7-5194-5385-5

定　　价：78.00 元

前　言

　　红十字国际委员会是国际红十字运动的发起者，对国际人道法的形成、发展有着重要的影响。2015年5月5日，习近平在会见中国红十字会第十次全国会员代表大会代表时强调："红十字是一种精神，更是一面旗帜，跨越国界、种族、信仰，引领着世界范围内的人道主义运动。"

　　研究红十字国际委员会对国际人道法的贡献，有助于了解、把握国际人道法的起源与发展，丰富国际人道法理论体系，促进国际人道法在我国的研究、传播和实施。

　　本书探究了红十字国际委员会的起源，论述了其法律属性，以及与国际人道法的密切关系；结合日内瓦法体系、海牙法体系，从立法角度论述了红十字国际委员会对国际人道法形成、发展和完善做出的重要贡献；以红十字国际委员会对国际人道法基本原则和主要条约内容的研究以及对习惯国际人道法的编纂为例，分析了红十字国际委员会对国际人道法的诠释和编纂做出的努力，并对这一诠释和编纂的性质、作用与影响做出了客观评析；本书分析了红十字国际委员会在传播和实践国际人道法中的作用，并对平民保护、保密原则、国际刑事法庭作证、与国家管辖权的争端等理论和现实命题做了深入研究，指出了其存在的问题，并提出了解决问题的思路；本书回顾了红十字国际委员会与中国红十字会的关系，肯定了红十字国际委员会对中国红十字会的建立、发展及传播国际人道法的促进作用，并就未来我国与红十字国际委员会的交往合作提出了对策性建议。

本书可供红十字委员会工作人员阅读，也可作为国际法学、军事法学专业的教学研究资料。

本书的出版，得到了《光明社科文库》的资助，在此表示衷心的感谢。

缪露

2018年12月

目 录
CONTENTS

红十字国际委员会对国际人道法的贡献

导 论

一、问题来源

通过和平方式解决国家、民族和种族争端是文明社会的一个重要标志，但是由于种种原因，一定的历史时期内的武装冲突仍然无法避免。因此，当武装冲突发生后，在战火与硝烟中如何尽可能地维护人道精神，最大限度地降低武装冲突对人类带来的伤害，是人类社会在走向文明的过程中需要艰难选择的现实路径。

基于这种现实，红十字国际委员会（ICRC）于一个半世纪前应运而生。它便借着非营利、无政治色彩的特质，坚持"即使战争也应限度：如何作战以及战斗员如何行事均要受到限制"的指导原则，努力在战争中维护一定的人道标准，推动国际人道法的建立与完善，并实行人道主义救援，逐渐被世人广泛接受和普遍欢迎。直至今日，红十字国际委员会的行动越来越多地进入或影响到我们的生活，在许多国家，皆能看到红十字会的身影。其身影可谓一面飘扬在武装冲突和灾难救援中的人道主义旗帜。那么，红十字国际委员会到底是一个怎样的组织？它的法律属性如何？它的行动有何法律依据？它与国际人道法是何种关系？红十字国际委员会对于国际人道法的产生、发展起了什么样的作用？从理论和实践的角度对这些问题予以厘定，是本书研究的主要内容。

二、研究意义

（一）在理论上厘定红十字国际委员会与国际人道法的关系，丰富国际人道法理论体系

1. 国际人道法的形成离不开红十字国际委员会的积极推动，研究国际人道法必须以红十字国际委员会为窗口。

红十字国际委员会是国际红十字运动的创始者，国际人道法的倡导者、宣传者，国际人道法规则的监督执行者，国际人道法和红十字原则的维护者，以及应国家或国际社会要求而在人道活动方面提供帮助者。[①]红十字国际委员会与国际人道法的关系十分密切，从1864年第一部《日内瓦公约》的通过，到1949年第四部《日内瓦公约》的签署，以及国际人道法其他公约的形成和完善，每一部都有红十字国际委员会的努力。国际刑事法院2002年7月1日成立时，红十字国际委员会对该法院规约的起草做了大量的工作，不仅积极参加规约中有关战争罪条款的谈判，而且还积极参与了国际刑事法院预委会有关战争罪的要件、战争罪的适用等法律文件的起草工作。除此之外，红十字国际委员会还向各国红十字会、学术界和武装部队人员传播国际人道法知识，并促进国际人道法在各国国内的执行。红十字国际委员会在国际人道法的发展与传播方面发挥了积极和重要的作用。因此，通过红十字国

---

① 朱文奇.论国际红会的法律人格与法律地位 [J]. 西安政治学院学报，2010(2)：89.

际委员会这扇窗口，可以清晰地看到国际人道法的发展动向，掌握研究脉络，有利于我们更好地厘定红十字国际委员会与国际人道法的关系。

2. 国际人道法的理论体系渗透着红十字国际委员会的价值原则，理解国际人道法必须以红十字国际委员会的人道理论作为基点。

国际人道法的形成与红十字运动创始人的设想密不可分，在一定意义上可以说，是其将人道主义思想从伦理学范畴扩大到法学范畴、以法律形式确定中立性概念，而且应用于战争或武装冲突①的探索。"人道、公正、中立、独立、志愿服务、统一和普遍"是国际红十字与红新月运动的基本原则。"人道"是红十字精神的核心和目标定位，也是红十字国际委员会的价值原则，是"国际红十字与红新月运动由于想为战场伤患提供无差别待遇之协助而萌生，应依其国际及本国之功能，致力于预防及减轻出现在任何地方之人类苦痛。其目的在于保护生命与健康；确保对人类的尊重，并促进世人相互之了解、友谊、合作与持久的和平"。②在国际人道法的价值体系中，人道价值也是它的核心价值和目标价值，③可以说，国际人道法的全部条约和习惯，全部原则、规则和规章制度，都指向于人道价值，即指向于实现在武装冲突条件下对人的生命、健康和尊严的尊重与保护。④以红十字国际委员会的人

---

① 国际法上的战争主要指两个或两个以上国家为推行国家政策而进行的武装力量的交战。（见顾德欣，《战争法概论》，国防大学出版社，1991年版。）武装冲突有广义和狭义之分，狭义的武装冲突是指国家间相互使用武力而未构成战争状态的敌对行为。广义的武装冲突还包括国家间相互使用武力而构成战争状态的敌对行为，以及一国之内政府与反政府武装团体之间或反政府武装团体相互之间的武装敌对行动。第二次世界大战后，《联合国宪章》不仅取缔了国家的战争权，而且禁止国家在国际关系上使用武力。随着在国际法律文件中"战争"被"武装冲突"取而代之，"武装冲突"的名称也越来越为国际社会所承认.

② 维基百科，红十字与红新月国际联合会.

③ 如1868年的《圣彼得堡宣言》的表述是："共同协议规定了技术上的限制，在此限制内，战争的需要应服从人道的要求。"1899年和1907年《陆战法规和惯例公约》，也在其文本中载明，其制订的各项陆军惯例条款，是出于"在军事需要所许可的范围内为减轻战争祸害"的愿望。

④ 俞正山. 国际人道法研究 [M]. 北京：解放军出版社，2010：209.

道理论作为基点，理解国际人道法的追求和目标，才能更好地研究国际人道法的理论体系。

3. 国际人道法的未来走向与红十字国际委员会的推动密切相关，准确把握国际人道法的发展趋势必须密切关注红十字国际委员会的理论动向。

与国内立法不同，国际人道法很大程度上是国际关系实践发展的产物，与预研预判国内立法相比，国际关系实践的复杂多变使得把握国际人道法的发展趋势成为一项挑战性很强的工作。而红十字国际委员会作为国际人道法的引领者，其关于国际人道法发展的每一次会议、起草的每一份草案，都直接或间接地推动了国际人道法的发展，不仅如此，红十字国际委员会在对国际人道法的理论研究上也是不遗余力，出版了77本（截至2012年3月25日）①关于国际人道法的出版物，出版的期刊《红十字国际评论》为讨论当代人道行动以及分析冲突原因和特性提供了一个平台，并促进人们对人道法、人道政策与行动的前瞻性思考。例如，红十字国际委员会在其出版物《红十字国际委员会四年战略2011—2014》一书预测，未来的武装冲突和其他暴力局势，将"围绕争夺重要资源（如能源、土地和水）而展开，并且带有种族或宗教色彩。气候变化、自然灾害、环境退化、人口迁移、疾病流行和快速城市化等种种现象或'大趋势'的联合作用加剧了许多受武装冲突和其他暴力局势影响者的苦难……这些大趋势将导致有组织武装暴力表现出更多的新形式"。②应当说，这些战略性预测既是为红十字运动提供指引，也从侧面揭示出未来国际人道法发展的"风向标"。因此，准确把握国际人道法的发展趋势必须密切关注红十字国际委员会的理论动向。

① 红十字国际委员会网站.

② 红十字国际委员会2011-2014年战略，红十字国际委员会东亚地区代表处，2011：4.

（二）在实践上促进国际人道法在我国的传播和实施，为军事斗争准备和未来作战行动做好法理储备

1. 有助于在国内立法中更好地体现国际人道法的理论原则

传播和实施国际人道法是《日内瓦公约》赋予每个缔约国的义务。我国一贯高度重视日内瓦四公约及其两个附加议定书以及其他国际人道法规则在保护武装冲突受难者方面的重要作用，认真履行相关国际义务。例如在国内立法方面，我国刑法专门规定了军人违反职责罪，以及禁止惩处虐待俘虏、残害无辜居民的行为。为执行第一附加议定书关于征兵年龄的义务，中国2011年修订的《兵役法》规定，每年12月31日以前年满18周岁的男性公民，应当被征集服现役。在实施国际人道法方面，根据日内瓦四公约及两个附加议定书关于战俘待遇和保护平民的规定，中国军队将有关要求纳入平时部队训练和演习之中。例如开设俘虏收容所，对战场俘虏的收容、救治、保护和管理等进行演练；设立群众工作组，对遵守群众纪律、保护平民生命和财产的情况进行检查和监督等。①我国教育部门还将国际人道法列入高等院校课程，特别是纳入军队院校教学和部队教育训练，推广《日内瓦公约》及附加议定书在中国的深入传播。为此，深入研究国际人道法的理论原则，才能在国内立法中更好地传播和实施国际人道法。

2. 有助于国家与红十字国际委员会的合作交流

国际红十字委员会的主要职能就是对冲突各方履行《日内瓦公约》的情况进行监督，同时开展人道救助。在工作方式上，红十字国际委员会坚持与各国政府和其他当事方保持完全独立的工作方法，对于违反国际人道法的事件，红十字国际委员在进行调查、提出改变建议以及要求有关冲突方在必要之处做出改善时，都是直接并且秘密地与有

---

① 段洁龙主编.中国国际法实践与案例[M].北京：法律出版社，2011：432.

关当局接洽，以此保持其非政治性。

我国尊重红十字国际委员会的工作原则，在维护国家利益的前提下，充分信任，与红十字国际委员会密切合作。除积极参与红十字国际委员会组织的各项活动外，还开展了多种形式的合作交流，包括互访、举办培训班和研讨会等。与红十字国际委员会的沟通与联系，深入研究红十字国际委员会的理论原则及其行动规则，有助于我们真正地了解红十字国际委员会的定位及其功能、作用，促进国际人道法在我国的传播，进而增强我国对红十字运动的影响力，并借助这一平台，增强参与制定国际规则的话语权。

3. 有助于我军在作战行动中更有效地运用国际人道法

战争法的基本原则之一是区别对待战斗员和平民，以便在武装冲突①中有效地对战争受难者进行保护，平衡"军事必要"与"人道需求"这一矛盾。保护战争受难者是国际人道主义法的要求，而了解红十字国际委员会的行动规则，也是未来军事斗争中瓦解敌人，争取国际舆论支持和人心所向，避免自己在政治上、道义上陷入被动的需要。②自1990年以来红十字国际委员会在我军院校中举办了许多国际人道法讲

---

① 从国际法的角度看，战争和武装冲突的最根本区别是前者是一种法律状态，后者是一种客观事实。战争一般以武装冲突的事实为表现方式，当交战一方或双方宣战（或宣布战争状态），或一方使用武力而他方确认为战争行为时，战争状态即开始存在。换言之，战争是战争主体之间的武装冲突所造成的法律状态。为了不受国际法的制约，"二战"后，几乎所有重大的国际性武装冲突都不以战争的名义进行。这种不存在法律状态上战争状态的武装冲突，在国际实践和西方国际法著作中，有些称之为武装冲突状态或战斗状态。它没有正式的开始方式，没有宣告或通知，只有实际的战斗行动。它是随着敌对行动的结束而结束的。大量武装冲突发展到相当大规模，持续到相当长时间，但冲突各方和平关系在法律上并没有完全破裂，不构成法律意义上的战争状态.

② 2004年曝光的美军"虐囚事件"中，驻伊美军违反国际人道主义法，在阿布格兰布监狱和关塔那摩监狱虐待战俘，就引起全世界人民的谴责，政治上陷入被动境地。而这次事件的曝光，正是一份来自红十字国际委员会的秘密报告.

座和开办了许多培训班，接受传播和培训的军官回到所在部队后，将进一步传播国际人道法。① 目前我军官兵对国际人道法的了解已经今非昔比，这既是我军与红十字国际委员会合作交流的成果，也是中国军队尊重和遵循国际人道法的充分证明。从实践经验上看，我军在战争中，往往在守法方面做得比较好，而在对付敌人违法作战方面准备不足。在未来军事斗争中，应利用红十字国际委员会以及国际人道法相关知识，做到既严格遵守，又灵活运用，同时还要特别注意警惕和防范敌人违法作战，避免因敌人的背信弃义行为而遭受损失。在作战指挥上，从"军事需要"和"人道要求"的最佳结合上选择和确定军事目标、作战手段和方法；在随行作战任务中，以最有利于"保存自己、消灭敌人"的原则实施各项作战法规；面对敌人的违法作战，坚持依法巧妙处置，并在揭露和反对敌人违法作战中获得极大的军事利益。

三、研究综述

红十字国际委员会在国际事务中的作用日益凸显，引起了学界对红十字国际委员会的密切关注。从总的成果看，学界对红十字国际委员会的研究，以概况介绍性的文献、资料为主，针对红十字国际委员会与国际人道法相互关系的专题研究、报告、论文和理论专著相对稀少，具体情况如下：

---

① 从1991年开始，中国军队与红十字国际委员会合作，我军每两年举办一次武装冲突法讲习班，每期讲习班都有我军陆、海、空军各部队60至80名校官和尉官参加。讲习班根据不同的军兵种、武装部队成员不同的职责和级别，有针对性地开展培训，取得了很大成功。2004年6月，中国人民解放军在西安举行了亚太地区国际人道法研讨会，来自亚太地区20多个国家和红十字国际委员会的代表参加了会议，就国际人道法的现状、面临的挑战和发展趋势等进行了深入探讨．

（一）研究概况

据掌握的资料来看，目前国内尚无有关红十字国际委员会对国际人道法发展方面的研究专著，但有一些关于专门研究国际人道法的文献。如：朱文奇教授所著《国际人道法》一书是目前国内国际人道法方面的第一本专著。俞正山教授的《国际人道法研究》也于2010年出版。西安政治学院武装冲突法研究所编译的内部资料《尊重国际人道法》对国际人道法的基本内容做了一些介绍。王海平教授翻译的《国际人道法的发展和原则》对国际人道法条约背后蕴涵的基本原理有较为深刻的理解和诠释。西安政治学院2008届博士研究生梁洁的博士论文《习惯国际人道法研究》对红十字国际委员会编纂的《习惯国际人道法》一书进行了背景介绍，并对编纂内容进行了评注。一些学者在著书或文章中对红十字国际委员会的历史、性质、法律地位进行了介绍。如宋新平教授的《武装冲突法研究》一书、朱文奇教授的《论国际红会的法律人格与法律地位》。另外还有一些相关国际人道法的文章，如《何为国际人道法》《现代国际人道主义法的定义及其分析》《目前执行国际人道法所面临的几个问题》《国外近期武装冲突法研究综述》等。

国外研究方面，有一些关于红十字国际委员会对国际人道法发展方面的评论或文章。《红十字国际评论》（*International Review of the Red Cross*）中有一些对当代人道行动以及分析冲突原因和特性的评论。红十字国际委员会2005年出版的《习惯国际人道法》是一份关于适用于国际性与非国际性武装冲突的国际人道法习惯规则的报告。由剑桥大学出版社2005年出版的 *The Humanitarians——The International Committee of the Red Cross*（《人道主义者——红十字国际委员会》），回顾了红十字国际委员会从起源到十九世纪中期再到现在的发展历程，用历史分析、政策分析的方法对这个"独特的组织"①进行了概述。红十字运动历史研究学者弗朗西斯·比尼翁先生（François Bugnion）的文章 *The Role of the Red Cross in the Development of International Humanitarian Law*，2004年发表在 Chicago Journal of International Law 杂志上，该文章从红十字国际委员会的起源到红十字国际委员会在国际人道法的发展中所起的作用，讲述了这个组织的历史和该组织对国际人道法的影响。红十字国际委员会的出版物，如《走近红十字国际委员会》《红十字国际委员会的使命与工作》《在非国际性武装冲突中促进遵守国际人道法》《国际人道法问答》等书，共计30余册，介绍了红十字国际委员会的职责、使命、工作，以及对国际人道法的解释、宣传。另外红十字国际委员会的官方网站上有对红十字与红新月运动、组织机构、原则、起源和历史等情况的介绍。此外，还有一些书籍和文章则只言片语地提到了红十字国际委员会参与国际人道法发展的某些事件。

《国际人道法文选》《红十字国际评论》《西安政治学院学报》《中国军法》等学术刊物和红十字国际委员会官方网站中的有关红十字国际委员会与国际人道法发展的相关理论研究成果，在"超星数字图书馆"、人大复印资料数据库、中国期刊网 CNKI 数据库等大型数据库检索到的结果，收集了一些与红十字国际委员会和国际人道法相关的文章和著作50余篇（本），但其中多数是新闻类文章和科普类知识介绍，关于红十字国际委员会对国际人道法贡献的研究，零散讲述相对较多，专题研究相对较少，系统研究几乎没有。因此感到"红十字国际委员会对国际人道法的贡献"问题不仅是当前我军武装冲突法研究方面的薄弱领域，更是法学理论研究亟待进一步深入研究的重大现实课题。

---

① David P. Forsythe, *The Humanitarians*, Cambridge University Press, 2005.

（二）研究的问题

目前，学界有关"红十字国际委员会对国际人道法的贡献"主要的成果有弗朗西斯·比尼翁先生（François Bugnion）的文章 The Role of the Red Cross in the Development of International Humanitarian Law；顾德欣的文章《成就与挑战：红十字国际委员会对平民居民的保护》；David P. Forsythe 的专著 The Humanitarians。其他资料如关于红十字国际委员会的历史、国际人道法的问题等如前所述，较为分散。学者们的研究主要集中在以下五个方面：

1. 研究了红十字国际委员会与国际人道法的历史渊源

虽然在诸多的理论专著或文章中没有明确提及红十字国际委员会的发展历史与国际人道法的形成有直接联系，但许多论著都分别提到了红十字国际委员会及国际人道法的历史渊源的交叉。例如孙柏秋在其主编的《百年红十字》一书中提到"红十字运动之父亨利·杜南"时，介绍了他的家庭背景和出身，《索尔费利诺回忆录》的出版对红十字运动的影响，以及"伤兵救护国际委员会"的成立。[①] 而"伤兵救护国际委员会"正是红十字国际委员会的前身。朱文奇教授在其专著中用简洁的文字描述了红十字国际委员会的起源、发展及其在《日内瓦公约》中地位的演变。朱文奇教授认为："红十字国际委员会的诞生应归功于一个具有远见和决心的人：亨利·杜南。"[②] 是亨利·杜南和其他四位创始人的努力，才使第一部《日内瓦公约》得以通过。此类论著还包括《杜南的金字塔：关于"人道空间"的思考》[③]《红十字的起源及其在中

---

① 孙柏秋主编. 百年红十字 [M]. 合肥：安徽人民出版社，2003：1–9.
② 朱文奇. 国际人道法 [M]. 北京：中国人民大学出版社，2007：419.
③ 丹尼尔·蒂雷尔. 杜南的金字塔：关于"人道空间"的思考 [J]. 红十字国际评论，2007(865).

国的传播》①等。外国学者对此也有论著，说道："1863年到1864年间，红十字国际委员会的缔造者对人道主义事务有着类似的思想。这一思想建立在亨利·杜南在索尔费利诺所敬事业基础之上，他提供了《1864年病者与伤者战斗员《日内瓦公约》最初草案，并为之游说。红十字国际委员会自其成立始就一直努力促进国际人道法的发展。"②对红十字国际委员会的历史渊源学界并无异议，承认红十字国际委员会的历史与国际人道法的历史密切相关。

关于国际人道法的历史渊源，朱文奇教授在其专著中有"国际人道法的演变与发展"的论述，主要阐明国际人道法在发展过程中形成了日内瓦法体系和海牙法体系，以及构成该体系的基础法律文件，其中不乏关于红十字国际委员会的印记。③也有学者在论述国际人道法的概念和法律渊源时，将红十字国际委员会的起源与国际人道法的历史紧密联系，认为"该委员会起草了1864年的《日内瓦公约》，此后该组织一直致力于减轻战时及平时受难者的痛苦，并不断促进人道主义法的发展"。④盛红生在《武力的边界》一书中更是明确说道："向战争受难者提供紧急人道主义援助并对广泛接受的人道主义行为规则加以编纂，其根源可以追溯至远古，不同文化的哲学文献和一些开明君主的言论对此有集中的记载。然而，近代意义上的人道主义概念则是伴随着亨利·杜南于1862年撰写的《索尔费利诺回忆录》以及红十字国际委员会的创立应运而生的。"⑤

---

① 池子华.红十字的起源及其在中国的传播 [J]. 合肥学院学报（社会科学版），2004(1).

② David P. Forsythe, *The Humanitarians*, Cambridge University Press，2005.

③ 朱文奇.国际人道法 [M]. 北京：中国人民大学出版社，2007：419.

④ 王可菊主编.国际人道主义法及其实施 [M]. 北京：社会科学文献出版社，2004：2.

⑤ 盛红生，杨泽伟，秦小轩.武力的边界 [M]. 北京：时事出版社，2003：27.

2. 指出了红十字国际委员会在国际人道法中的重要地位

朱文奇教授认为，虽然红十字国际委员会是由私人发起成立的组织，但是承担的却是国际人道使命，如承认国家红十字会、维护国际红十字与红新月运动的基本原则、在武装冲突或内乱中协调国际救援行动等。特别是《日内瓦公约》及其附加议定书为红十字国际委员会创设了一系列的权利和义务，如为战俘和受保护的平民设立中央情报所、探视战俘和被拘留的平民、充当保护国等。最后，红十字国际委员会还有人道倡议权，即在非国际性武装冲突乃至国内动乱和紧张局势的情况下，有权向有关方提出人道服务的建议。红十字国际委员会开展上述活动的法律依据为《日内瓦公约》及其附加议定书、国际红十字与红新月运动章程或红十字与红新月国际大会的决议。因此，红十字国际委员会不仅具有瑞士法人资格，而且具有国际法律人格。1993年，红十字国际委员会与瑞士政府签订了总部协议，该协议不仅给予了红十字国际委员会特权与豁免，还确认了其"国际法律人格"，并保证其自由行动并独立于瑞士政府。[①] 朱文奇教授还总结道："鉴于《日内瓦公约》的性质以及红十字国际委员会在国际人道法范畴内的积极活动，通过一百多年的实践，国际社会已自然地将该组织看作：国际红十字运动的创始者、国际人道法的倡导者、《日内瓦公约》规则的监督执行者、国际人道法和红十字原则的维护者，以及应国家或国际社会要求而在人道活动方面提供帮助者。"[②] David P. Forsythe 也在书中指出："以历史视角观之，红十字国际委员会居于国际人道法发展之核心，其立法体制得以逐步建立。基于其经验与观察，该组织起草了诸多法律

---

① 朱文奇. 国际人道法 [M]. 北京：中国人民大学出版社，2007：421. 朱文奇. 论国际红会的法律人格与法律地位 [J]. 西安政治学院学报，2010(2)：86.

② 朱文奇. 国际人道法 [M]. 北京：中国人民大学出版社，2007：424.

文本，首先提交至各红十字机构评论，后再交至政府专家讨论。最终，红十字国际委员会于当代作为观察员参加了由瑞士联邦政府召集的外交会议。"①

3. 总结和归纳了红十字国际委员会对国际人道法的理论贡献

俞正山教授将红十字国际委员会对国际人道法基本原则的研究归纳为"七原则说"和"六原则说"。虽然俞正山教授在国际人道法基本原则的问题上有自己的观点，但他仍认为红十字国际委员会的"见解具有很高权威且影响广泛，可以作为我们研究这个问题的起点，为我们提供丰富的借鉴"。②红十字国际委员会对国际人道法的另一理论贡献是，2005年3月剑桥大学出版社出版了一套由红十字国际委员会负责、让·马里·亨克茨（Jean-Marie Henckaerts）和路易丝·多斯瓦尔德·贝克（Louise Doswald-Beck）执笔的研究报告《习惯国际人道法》。让·马里·亨克茨（Jean-Marie Henckaerts）认为，习惯国际人道法研究是对在武装冲突中理解与遵守法制的贡献。③

4. 系统研究红十字国际委员会在国际人道法的制订和执行中的重要作用

国外学者的一些专著和文章介绍了红十字国际委员会在国际人道法制订过程中的重要作用。如由玛莎·费丽莫（Martha Finnemore）著，袁正清译的《国际社会中的国家利益》一书用一个章节的篇幅论述了红十字国际委员会的产生与第一个《日内瓦公约》的关系。该书作者详细介绍了红十字国际委员会的产生，伤兵救护国际委员会的建立，一届又一届国际会议的召开等关于红十字国际委员会在第一部《日内瓦

---

① David P. Forsythe, *The Humanitarians*, Cambridge University Press, 2005.

② 俞正山. 国际人道法研究 [M]. 北京：解放军出版社，2010：48.

③ 朱文奇. 国际人道法文选2005[M]. 北京：法律出版社，2007：77.

公约》形成并通过等过程中的作用，足以证明红十字国际委员会对国际人道法的理论贡献之巨大。① 红十字运动历史研究学者弗朗西斯·比尼翁先生（François Bugnion）认为，红十字国际委员会在1864年的第一部《日内瓦公约》、1949年的日内瓦四公约以及附加议定书、一系列的海牙公约等公约的签订中，都扮演了十分重要的角色。该组织对国际人道法的发展起着积极的推动作用，而且在今后的时间里，红十字国际委员会仍将发挥着这一重要作用。但同时他也指出，尽管红十字国际委员会过去和现在都是《日内瓦公约》发展的驱动力，但它对于海牙法发展的贡献相对而言要少一些。②

　　国内学者在此方面也有一些研究，认为红十字国际委员会在推动对平民居民保护的国际人道主义法的发展方面做出了令人称道的成就，如设立了战时对平民居民的保护条款；全面规定了平民居民免遭军事攻击的规则；通过限制作战方法和手段强化对平民居民的保护等。③

　　在国际人道法的执行方面，很多研究认为，红十字国际委员会是被《日内瓦公约》明确地赋予了权利的，这些权利概括起来主要包括：其一，解释、传播国际人道法，并推动其发展，包括帮助各国政府和军队进行国际人道法培训，召集国际会议修订或增订国际人道法条约；其二，在武装冲突中从事各种保护受难者的工作，包括为受难者提供各种人道救援，代表保护国行事等；其三，在武装冲突中监督冲突各方遵守国际人道法，包括探访战俘及被拘禁或拘留的平民，注意有关

---

① 玛莎·费丽莫.国际社会中的国家利益 [M].袁正清，译.杭州：浙江人民出版社，2001：82.

② François Bugnion, *The Role of the Red Cross in the Development of International Humanitarian Law*, Chicago Journal of International Law, Summer 2004.

③ 王可菊主编.国际人道主义法及其实施 [M].北京：社会科学文献出版社，2004：58.

违反国际人道法的指控，并督促违反方及时纠正。^①朱文奇教授还就红十字国际委员会的探视问题和在国际刑事法庭作证问题进行了专门的论述。^②

5. 研究分析了红十字国际委员会在推动国际人道法发展上面临的问题和困境

如顾德欣教授在《成就与挑战：红十字国际委员会对平民居民的保护》中指出："由于外部和自身的原因，红十字国际委员会也面临着一些挑战。"其中包括红十字国际委员会"实践中难以一贯保持独立、公正和中立原则，国际人道主义法受到作战方法和手段规则的挑战"两个方面。^③而国外学者在此问题上的研究更具实际意义，那就是日内瓦总部中法律派与行动派之间经常存在的紧张关系。这种派别分歧也见于联合国难民事务高级专员公署。相对而言，"行动文化"更加关注帮助受害者的切实可行的行动，而非这种行动是否符合法律规则。1999年，红十字国际委员会行动部主任，让·丹尼尔·陶克思写道，由于内战中各个冲突方纪律松懈，受到经济利益驱使或故意袭击平民，他怀疑在频繁内战中法律途径是否会有利于该组织。^④另外，也有国外学者对红十字国际委员会的"保密原则"进行了研究，讨论"保密原则"经过一百年的风雨，在当今国际社会面临的尴尬处境或者问题。^⑤

综上，国内外有关"红十字国际委员会对国际人道法发展的贡献"

---

① 俞正山. 国际人道法研究 [M]. 北京：解放军出版社，2010：217. 朱文奇在著作《国际人道法》中，也有相同观点的论述.

② 朱文奇. 国际人道法 [M]. 北京：中国人民大学出版社，2007：426–455.

③ 王可菊主编. 国际人道主义法及其实施 [M]. 北京：社会科学文献出版社，2004：62.

④ David P. Forsythe, The Humanitarians, Cambridge University Press，2005.

⑤ 卡罗琳·穆尔黑德，吴言译. 不说邪恶——国际红十字会的尴尬 [J]. 国外社会科学文摘，2005(8).

问题的研究已有一些成果，但从已有的成果分析来看，真正从立法、实践中深入系统总结和梳理红十字国际委员会对国际人道法贡献的理论成果仍然稀少。此外，"红十字国际委员会对国际人道法的贡献"这一问题在国内的研究中并没有形成自己的学术地位，国内阐述国际人道法比较权威的著作、教材，如《国际人道法》《国际人道法研究》《武装冲突法研究》等都没有设立专章或专节论述两者之间的关系，相关的问题仅仅是在具体的段落中一带而过，这也为本书的研究提供了广阔的学术空间。

四、研究方法与研究思路

（一）研究方法

红十字国际委员会与国际人道法的关系源远流长，本研究拟从红十字国际委员会的源起、对国际人道法发展的作用，以及受复杂国际社会环境因素的影响等资料中把握红十字国际委员会与国际人道法发展的规律，以辩证唯物主义、历史唯物主义基本哲学方法为指导，采用历史考察、文献研究、归纳总结、比较等具体方法。

1. 历史考察法

任何事物都有一个产生、发展的过程，这个过程揭示了事物产生的历史必然性。对于研究对象进行历史考察有助于把握规则，使研究更深入。正如列宁所指出的，"为了用科学眼光观察这个问题（社会科学问题），最可靠、最必需、最重要的就是不要忘记基本的历史联系，考察每个问题都要看某种现象在历史上怎样产生，在发展中经历了哪些主要阶段，并根据它的这种发展去考察这一事物现在是怎样的"。历史是逻辑的基础，历史从哪里开始，思维进程也应当从哪里开始。本研究主要通过对收集到的大量史料进行一般地逻辑归纳。以扎实确凿的史料为根基，对其进行发展演进的历史考察，进而分析红十字国际委员会与国际人道法发展的共同演变模式，梳理出两者之间的发展脉络。在此基础上总结国际人道法与红十字国际委员会面临的问题与未来的发展趋势。

2. 比较研究法

"任何一种科学都不能够仅仅依靠在本国国境之内产生的认识"而得出结论，① 法学研究亦是如此。本研究依据立足于本国的需要与国际社会现实情况的理念，以红十字国际委员会在完善国际人道法方面不断努力的行动为线索，旨在通过对国际人道法发展过程中的问题与挑战的研究，让我军在未来军事斗争中更好地了解国际人道法，更恰当地适用国际人道法。同时，本研究还分析了国际人道法发展进程中的政治、文化、军事背景，从国际政治的角度探讨红十字国际委员会在国际人道法发展中做出的贡献与存在的问题，以及对国际和平安全的影响等。正如美国比较法学者坎弗朗德指出的："只知道法律条文的精神而忽视了社会、政治等方面的认识，为了实际的目的而运用比较法就变成了滥用。"②

3. 理论联系实际法

法律是一种实践理性，法律作为社会规范的一种形式，其历史使命在于解决实践中的问题，最终实现法律秩序，维持社会的正常发展。国际人道法也不例外，它与国际社会的武装冲突实践密切相关。本研究对红十字国际委员会以及国际人道法的发展相关问题的研究不仅在史料上予以分析与归纳，更联系国际社会的武装冲突实例以及红十字国际委员会实践国际人道法的活动，分析问题，寻找适用实践的需要。

---

① ［德］茨威格特. 比较法总论 [M]. 潘汉典，等译. 贵阳：贵州人民出版社，1992：21.
② 吕世伦，文正邦主编. 法哲学论 [M]. 北京：中国人民大学出版社，1999：601.

（二）研究思路

除导论外，本书分为五章，具体结构如下：

第一章，红十字国际委员会与国际人道法的源起。主要从文化根源、社会基础、历史形成等角度，阐释了红十字国际委员会的源起，说明了红十字国际委员会独特的法律属性，分析了红十字国际委员会与国际人道法的紧密联系。

第二章，红十字国际委员会对国际人道法的立法贡献。结合《日内瓦（四）公约》《圣雷莫国际海上武装冲突法手册》《渥太华公约》《集束弹药公约》等国际人道法一系列重要法律文件，从立法角度阐释了红十字国际委员会对国际人道法形成、发展和完善作出的重大贡献。

第三章，红十字国际委员会对国际人道法的诠释与编纂。介绍了红十字国际委员会对国际人道法诠释的法律基础和主要内容，重点以国际人道法基本原则、主要条约内容为例，分析了红十字国际委员会对国际人道法的诠释和编纂做出的努力，并对这一诠释和编纂的性质与功能做出了客观评价。

第四章，红十字国际委员会在实施国际人道法中的作用。以促进国际人道法的传播和实施人道主义保护和救援为中心，分析了红十字国际委员会在实施国际人道法中的不懈努力及其作用，并对平民保护、保密原则、国际刑事法庭作证、与国家管辖权的争端等极为棘手但意义重大的理论和现实命题做了深入研究，并尝试提出了若干解决思路。

第五章，红十字国际委员会与中国国际人道法实践。介绍了中国红十字会的创立和对国际红十字与红新月运动的贡献，并对促进中国与红十字国际委员会的合作交流问题提出了一些对策性建议。

第一章　红十字国际委员会与国际人道法的源起

红十字国际委员会从一个人自发地帮助受伤士兵的行动开始，成长为一个帮助世界上数百万战争受害者的组织，有其深刻的社会基础和文化根源。而国际人道法的产生，也离不开红十字国际委员会的积极推动。红十字国际委员会与国际人道法的衔接，奠定了国际人道法产生的思想理论基础，催生了首部国际人道法文献。

第一节　红十字国际委员会的产生

红十字国际委员会的产生是人类社会文明进步的重要象征。研究红十字国际委员会对国际人道法的贡献，必须首先从红十字国际委员会的产生历史着手，洞悉其在产生发展中形成的精神内核与价值理念，从而为更好地理解国际人道法的内容奠定基础。

一、红十字国际委员会产生的社会基础和文化根源

（一）社会基础

任何事物的产生、发展，总是与其存在的社会基础密切相关。红

十字国际委员会作为国际组织中的一员，其产生、发展与当时的国际政治、经济、文化关系和相应国际组织和国际法的成熟，有着密切的联系，主要表现在：

第一，近代经济、科学技术的迅速发展，为红十字国际委员会的诞生奠定了物质基础。人类生产关系的发展变化，总是与生产力的发展变化密切相关。红十字国际委员会在欧洲的诞生，也是伴随着资本主义生产方式的萌发和生产力的迅速发展而兴起的。从14世纪到16世纪，西欧各国开始由封建社会向资本主义社会过渡。到19世纪中期，欧洲在经济、科学技术方面，已经得到了迅猛的发展，交通运输也得到长足的进步。在这样的条件下，陆地和空间距离的拉近，增加了国与国之间的交往。经济社会和科学技术的发展，使建立国际性的人道救助组织成为可能。

第二，近代国际关系的发展是红十字国际委员会产生的前提。在封建社会时期，世界各地区包括欧洲在内并不存在一个真正意义上的国际社会和国际组织，也不可能产生国际人道组织，在以封建割据为基础的统一基督教世界里，不可能有真正意义的国际人道组织产生。只有当这个霸权分裂为众多独立国家，国际组织成型，各主权国家关系密切，各国家、组织和势力之间若干利益交织联系在一起时，国际争端增多，才有了产生国际人道组织的可能性。进入19世纪中叶，工业革命已经逐渐改变了国与国之间交往的方式和手段，它越发要求"破坏旧时经济体系的独立和闭关自守的状态，把世界上所有的国家联结成统一的经济整体"。[①] 欧洲各资本主义国家为争夺市场、原料产地与殖民地的斗争十分激烈，欧洲各国之间的战争更加频繁，战争给人民

---

① 列宁全集：27[M].2版，北京：人民出版社，1990：327.

带来的痛苦加剧了人民对一个人道救助机构的渴求。

第三，近代国际组织的迅速发展为红十字国际委员会的产生奠定了基本的原则、规则和制度基础。早期的国际社会，世界各国的关系处于一种相对隔离的状态，后来随着文化技术、社会生产，特别是交通运输方面的进步，国家之间逐步开始了民间的交往。到19世纪初期，国家交往才逐渐盛行开来，各种类型的国际组织开始得到迅速发展。西方国际法学者曾以各种统计数字来说明这一时期国际组织和国际交往的发展情况。例如，"在19世纪50年代的10年间，民间国际团体所举行的各种国际会议接近20次；而到80年代这10年间，这类会议已超过270次；发展到20世纪的第一个10年，这个数字就几乎突破1000次了。"[①] 新的国际组织的产生，往往可能会产生一些组织的原则、规则和制度。由于组织的一致性、规则适用的连续性，一些反映国际组织普遍规律的原则、规则和制度得到继承。红十字国际委员会正是在这样的大背景下，建立并成长起来。

（二）文化根源

欧洲源远流长的"人道""博爱"文化传统，是红十字国际委员会产生的思想源头，而各民族深层次的精神信仰，则是红十字运动遍及世界的基础。

一是人文主义思潮的兴起。红十字国际委员会产生时，欧洲社会正深刻受到人文主义思潮影响，"一种强调人的作用、地位，关注人的历史境遇，并且致力于人类自由与解放的世界观或观念形态"[②]，对于红十字国际委员会的产生奠定了文化基础。人文主义是欧洲文艺复兴的核心思想，是新兴资产阶级反封建的文化思潮，也是资产阶级人道主

---

① 李一文，马风书.当代国际组织与国际关系 [M].天津：天津人民出版社，2002：8.

② 高亮华.人文主义视野中的技术 [M].北京：中国社会科学出版社，1996：22.

义的最初形式。"人文主义"是以反对宗教教义和中古时期的经院哲学，提倡学术研究，主张思想自由和个性解放，肯定人是世界的中心为主要内容的。新兴的资产阶级学者为适应反对封建专制的需要，他们在提出"文艺复兴"的基础上，又进一步提出人的价值、人的解放、人的尊严和人的权利等观念，将"人文主义"发展成为"人道主义"。英、法等国的资产阶级思想家进一步举起了人道主义的旗帜，宣传"天赋人权"和"自由、平等、博爱"等思想。经过长达四个多世纪的文艺复兴运动，以"人"为本的人道主义思想广为传播。道德的复兴使神权让位于人权，肯定了人是世界的中心。科学的复兴以理性的力量否定宗教教义和中古时期的经院哲学，反对蒙昧主义。因而，在19世纪初叶，"天赋人权""自由、平等、博爱"等人道主义思潮已主导了欧洲社会，从而逐步形成比较完整的概念和体系，成为比较广义的人道主义思想，为红十字国际委员会的产生奠定了必不可少的社会基础。杜南之所以具有这种广义的人道思想而又为当时的社会（包括一般人群和当权者）所接受，也是与"文艺复兴"后的欧洲社会思想潮流有着密切关系。

二是宗教博爱思想的沉积。欧洲社会深受基督教的影响，社会文化中也无不渗透着基督教的痕迹。在这样的社会环境中，宗教的"博爱"思想逐步被一部分人民所接受，并将这种"博爱"思想推广到具体的社会实践中，如创立宗教福利院、宗教救助会、宗教医院等，在社会中广为流行，并逐步形成了一种以"博爱"为核心的人道的宗教观念。在这样的宗教文化中，当人们看到战争中受到伤害的人，就容易产生一种基于宗教的怜悯与关爱，并最终推动一个"人道救助"的国际机构的成立。

三是人道主义在法律上的贯彻。欧洲是现代法学的诞生之地，在红十字国际委员会产生之前，有关"正义""人道"的国际法规则已经逐步为当时的社会所接受，这些法律思想也为红十字国际委员会以一个组织的名义参与到人道救助中奠定了法理基础。欧洲社会自古具有"法治"的传统，早在柏拉图的《理想国》中，已有对战争中的行为进行道德限制的记载，"容忍非正义的行为是一种祸害，弱者为了免遭不正义的灾害，便联合起来防范不正义的行为"。①16世纪末17世纪初，欧洲宗教改革后教会大权旁落，民族国家兴起，国际法开始萌芽，正义战争成为国际法学家研究的课题。维多利亚和苏亚雷斯就试图将"正当的理由"与"自然法"联系起来，把"正义""人道"的战争传统纳入法律。格劳秀斯在其《战争与和平法》中详细阐述了"正义""人道"战争的行为规则和正当手段。在这些法理论述中，都提出了正义战争的问题，而如何实现"正义战争"和"人道战争"就需要一个跨越国界、种族、信仰的中立组织来负责战争中的"正义"与"人道"，在这样的理论呼唤下，红十字国际委员会应运而生。"一般认为，近代意义上的国际人道主义法是由于国际红十字运动创始人亨利·杜南将人道主义从伦理学范畴扩大到法学范畴，通过推动签订国际公约使之变成有拘束力的法律规定并应用于战争与武装冲突而产生的。"②

二、红十字国际委员会形成的过程

（一）亨利·杜南：红十字运动之父

亨利·杜南（Henry Dunant，1828-1910年）是红十字运动之父，他的名字"是同世界各国红十字会的肇始紧密联系在一起的"。③

亨利·杜南1828年5月8日生于瑞士日内瓦维尔丹纳大街一个中产

① 〔英〕汉默顿编.西方名著提要 [M].何宁，译.北京：商务印书馆，1963：114.

② 吴双全等主编.国际法前沿 [M].北京：人民法院出版社，2005：74.

③ 联合国信使报 [M]// 孙柏秋主编.百年红十字.合肥：安徽人民出版社，2003：1.

阶级家庭，法国传教士后裔。他的父亲雅克·杜南是银行家兼任救贫收容局督导员，负责管理孤儿院。他的母亲笃信宗教，一生中的许多时间都奉献在慈善活动中。这种家庭环境，造就了杜南善良慈悲的品格。有两件杜南自己讲述的儿时往事值得提及。一件事情是他4岁时，母亲给他讲狼和羊的寓言，小杜南听着听着，禁不住热泪盈眶，他无法忍受无辜的生命被狼吞食。另一件事是他在土伦所见，当时杜南8岁，和父亲一起去劳改所参观，那里有一些服刑的犯人，当他看到犯人遭虐待的情形，十分愤怒，发誓说："长大了，我要写一本书，反对这种极不公正的社会行为。"[①]幼年时期的杜南，对于人世间的悲惨和痛苦，已经十分敏感。

当时人们比较关注人道问题，如废除死刑、改革监狱、劳工立法等，而传教士们则宣传"普度众生"。杜南及其一家人深受这一时代思潮的影响，杜南18岁就加入赈济协会，业余时间都用在访贫问病的活动上。1859年，杜南为恢复法籍公民身份，并陈述他对开发阿尔及利亚的设想，决定前往意大利北部晋见正在那里指挥作战的法国皇帝拿破仑三世。而这一计划的付诸行动，成了他生命旅程的新起点，这是他始料未及的。

（二）《索尔费利诺回忆录》：红十字运动的源头

1859年6月25日，杜南抵达意大利卡斯蒂廖镇，正巧一场自滑铁卢之战以来更为残酷的战斗刚刚在索尔费利诺结束。冲突双方是拿破仑三世统率的约15万法国及意大利撒丁联军和费朗索瓦·约瑟夫皇帝统率的数量相当的奥地利军队。联军凯旋了，奥军也撤退而去，4万多死伤士兵被遗弃在战场上，血腥弥漫。伤兵们在烈日蒸晒下呻吟嚎叫，

---

① 马克·德斯贡伯.亨利·杜南传[M].苏兰媛，王庆侗，译.转引自池子华.红十字的起源及其在中国的传播[J].合肥学院学报（社会科学版），2004(1): 7.

痛苦挣扎。杜南目睹了这极其悲惨的战后情景，立即动员组织当地的居民（包括医生和护士）收容和安置了4千多名伤兵，并对他们进行了力所能及的救护和治疗。尽管杜南及其志愿者们竭尽全力，但只能救助小部分伤兵，更多的伤兵无助地等待死亡。

10天后，杜南回到了日内瓦。战后令人震惊的画面时常浮现在杜南的眼前，让他决定要做些什么来帮助那些可怜的战争受难者，于是他决定要把"这段不愉快的往事"①记录下来，向文明世界的良知呼吁呐喊。他撰写了《索尔费利诺回忆录》一书，把在索尔费利诺见到的一切情景，以直观感人的方式叙述出来。1862年11月，杜南将《索尔费利诺回忆录》一书自费出版，并分别送给他的朋友和欧洲各国的君主和政治家。这本书是创立红十字会的想法和冲动的缘由。这本书有着直接而强大的冲击力。在书中他有两个提议，也就是后来红十字运动的起源：一是在和平时期组建救助团体，以便在战时护士能够及时照顾伤者；二是援助军队医务部门的志愿者应得到一项国际协议的承认和保护。正是这个被杜南讲述的故事和提议，构成了红十字国际委员会的组建和组织体系的全部要素，包括人道、公正（为武装冲突双方根据需要提供帮助，减轻战争及其他形式灾难的受难者的痛苦）、中立（不区分正义和非正义、好的和坏的战争，甚至不区分有罪和无辜），独立和志愿服务原则。②

（三）伤兵救护国际委员会：《索尔费利诺回忆录》构想的实施

《索尔费利诺回忆录》出版后，立刻在欧洲社会引起了轰动。然而，杜南并不是为了单纯追求"轰动效应"，他的崇高目标是希望能够在

---

① 马克·德斯贡伯.亨利·杜南传[M].苏兰媛、王庆侗，译.转引自孙柏秋主编.百年红十字[M].合肥：安徽人民出版社，2003：5.

② 丹尼尔·蒂雷尔.杜南的金字塔：关于"人道空间"的思考[J].红十字国际评论，2007(865)：37.

平时建立伤兵救护组织，一旦战争爆发，就可以"以真诚的博爱精神，全身心地投入到战时的慈善工作中去"①，实施有效的救治。既然战争难以避免，那么，为什么不利用相对安定平静的时期，在人道主义立场上去想办法解决这一世界性问题呢？杜南在书中写道："制定一些国际准则，由一个不可侵犯的公约批准，一旦这些国际准则被同意并认可，就可能构成各个欧洲国家伤员救护协会的依据……因为一旦开始敌对，交战各方已互相怀有敌意，从此会在各自的立场上考虑所有的问题。"②杜南的呼吁得到了回应。英国的著名护理学奠基人南丁格尔女士积极地支持了他的建议，日内瓦公共福利会的成员也为杜南的著作所感动，决定把他的建议付诸实施。

1863年2月9日，在日内瓦公共福利会会长穆瓦尼耶的支持下，成立了一个名叫"伤兵救护国际委员会"的团体，借以实施《索尔费利诺回忆录》憧憬的伟大构想。委员会有5名成员组成，史称"五人委员会"，主席纪尧姆·亨利·杜福尔（Guillaume-Henri Dufour）将军是一位具有影响力的人物，他曾于1847年果断机智地处理了瑞士联邦面临的内战威胁，避免了一场大流血，因而不仅为政治对立派折服，更赢得国人的爱戴，他还是法国皇帝拿破仑三世在瑞士炮兵学校学习时的老师；古斯塔夫·穆瓦尼耶（Gustave Moynier）是位律师，也是瑞士统计学会的创始人，时任日内瓦公益会主席，他是一位有坚强性格和实际头脑的社会活动家，后担任五人委员会主席达半个世纪之久；路易·阿皮亚（Louis Appia）是在1859年5月第一个领导日内瓦民众为意大利战争中受伤者募捐的医生，并亲自到前线指导军医开展战场救护工作；泰奥多尔·莫努瓦（Théodore Maunoir）是阿皮亚的挚友，也是

---

① 亨利·杜南.索尔费利诺回忆录[M].杨小宏,译.济南：山东友谊出版社,1998：60.

② 亨利·杜南.索尔费利诺回忆录[M].杨小宏,译.济南：山东友谊出版社,1998：65.

一位具有高尚品格的优秀外科医生。"五人委员会"理所当然包括了杜南,他担任委员会的秘书。他们是国际红十字运动的奠基人,被后人尊称为"日内瓦五君子"。①

从红十字运动发生的历史轨迹来看,整个运动导源于《索尔费利诺回忆录》这本小册子,正如原国际红十字委员会主席亚历山大·海伊所说:"整个红十字运动就起源于亨利·杜南在1859年到1862年之间写的这本小册子,书中描述了他在索尔费利诺战后余波中的可怕经历。这本书激励了红十字会的创立者们并不断鼓舞着几代红十字运动的成员们。现在它仍能唤起我们的同情与宽容,帮助我们去了解曾在索尔费利诺的居民们所理解的:即使是在一个被暴力摧残的世界里,所有的人也都是兄弟。"②

(四)日内瓦国际会议:红十字国际委员会的诞生 ③

1863年10月26–29日,由伤兵救护国际委员会召集的国际会议在日内瓦举行,此次会议主要讨论如何制定和改善战地医疗服务条件的可行措施。与会者共有36名:18名政府正式代表,6名其他非政府组织的代表,7名非正式外国代表,以及5名国际委员会成员。委派正式代表参会的国家和王国有:巴登、巴伐利亚、法国、大不列颠、汉诺威、黑森、意大利、荷兰、奥地利、普鲁士、俄国、萨克森、瑞典和西班牙。于1863年10月29日获得通过并载入会议最终决议的建议包括:①

① 池子华.红十字的起源及其在中国的传播 [J].合肥学院学报(社会科学版),2004(1):9.

② 亨利·杜南.索尔费利诺回忆录 [M].杨小宏,译.济南:山东友谊出版社,1998:2.

③ 关于红十字国际委员会的诞生日期,学界仍有争议。一种观点认为是1863年2月9日,"伤病救护国际委员会"的成立,标志红十字的诞生。见池子华.红十字与近代中国 [M].合肥:安徽人民出版社,2004:3.另一种观点认为是1863年10月26日至29日,日内瓦国际会议的召开,红十字国际委员会就此诞生。见曲折主编.中国红十字事业 [M].广州:广东经济出版社,1999:9.本文采用后一种观点.

成立国家伤兵救护协会；②对伤兵的保护及其中立性；③在战地开展救护援助的志愿队伍的使用；④召集补充会议将这些理念载入具有法律约束力的国际条约中；并且引入一个战场医务人员普遍使用的独一无二的保护性标志，即带有红十字的白色臂环。

1867年，由于在阿皮亚生意失败，亨利·杜南被迫宣布破产，部分原因是他在为国际委员会不知疲倦的工作中忽视了生意利益。围绕杜南生意来往的争论和由此产生的负面公众舆论，加上与古斯塔夫·穆瓦尼埃（Gustave Moynier）持续的矛盾，导致杜南被免去了委员会成员及秘书的职务。他被控欺诈破产并被通缉。因此，他被迫离开日内瓦并从此再没回过家乡。随后的几年中，几乎所有欧洲国家都成立了国家协会。1876年，委员会采用了新的名称"红十字国际委员会"，这一正式名称沿用至今。

1901年，第一届诺贝尔和平奖颁发给亨利·杜南。然而，比获奖的荣誉更为重要的是，红十字国际委员会的正式道贺标志着亨利·杜南迟来的名誉恢复，也肯定了他在创立红十字中所发挥的关键作用。杜南9年后死于海登的一个瑞士小疗养所。为了纪念杜南对世界红十字事业所做的伟大贡献，国际红十字与红新月联合会执行理事会1948年决定将亨利·杜南的生日——5月8日定为"国际红十字日"。

第二节　红十字国际委员会的属性

红十字国际委员是一个国际非政府组织，但又享有与联合国组织以及其他政府间组织同等的一些权利，如免于税收和关税、房产和文件的不可侵犯性以及司法豁免等。红十字国际委员会具有特殊的法律地位。

一、红十字国际委员会是国际非政府组织

关于红十字国际委员会的法律性质，一直是学界争论的焦点。中国已故著名国际法学家李浩培教授认为，由于红十字国际委员会在武装冲突中对战俘和平民具有保护国的地位并对国际人道法的发展和监督遵行具有特殊的作用，所以"红十字国际委员会是一个部分的国际法主体。……虽然该委员会在瑞士民法上只是一个法人"。[①] 但这一观点受到较大的质疑。关于红十字国际委员会的属性，在红十字国际委员会官员的发言或出版物中从未被正式提及。但红十字国际委员会在出版物中曾作如此描述："红十字国际委员会是一个中立、公正和独立的人道组织。……红十字国际委员会的使命和法律地位使其有别于政府间机构（例如联合国机构）和非政府组织"；[②] "红十字国际委员会在其结构和组成上是国内组织，而在活动上却是一个国际组织"。[③]

但在许多学者眼里，越来越多的观点倾向于，"红十字国际委员会就是一个非政府组织"。如菲利普·里夫曼（Philippe Ryfman）在文章中以红十字国际委员会为例证明非政府组织是人道援助不可或缺的主体。[④] 在王杰等主编的《全球治理中的国际非政府组织》一书中，红十字国际委员会也以国际非政府组织的身份作为案例出现。[⑤] 还有学者认为："国际社会存在国际非政府组织被普遍承认具有国际法律人格的实

---

① 李浩培. 国际法的概念和渊源 [M]. 贵阳：贵州人民出版社，1994：20—21.

② 《走近红十字国际委员会》，红十字国际委员会东亚地区代表处，2007：6.

③ 《战争中的法律保护——关于国际人道法当代实践的案例、文件与教学资料》，红十字国际委员会东亚地区代表处，2006：376.

④ Philippe Ryfman, Non-governmental organizations: an indispensable player of humanitarian aid, International Review of the Red Cross, March 2007, Vol. 89, No.865, pp.21—45.

⑤ 王杰，张海滨，张志洲主编. 全球治理中的国际非政府组织 [M]. 北京：北京大学出版社，2006：403.

例。最著名的是国际红十字委员会。"①另外，许多学者都将红十字国际委员会作为案例出现在有关非政府组织的论文中。②

关于红十字国际委员会是否具有非政府组织的身份，首先要明确非政府组织的概念。非政府组织是英文 Non-Governmental Organizations 的意译，英文缩写 NGO。一般认为，非政府组织一词最初是在1945年6月签订的《联合国宪章》第71条正式使用的。该条授权联合国经社理事会"为同那些与该理事会所管理的事务有关的非政府组织进行磋商做出适当安排"。1952年联合国经社理事会在其决议中将非政府组织定义为"凡不是根据政府间协议建立的国际组织都可被看作非政府组织"。1968年的1296号决议重申了这一定义。③非政府组织具有以下五个特点：④

第一，自愿或非营利实体的概念，其判断依据是，该实体是被视为享有权利与自由的个人集合，旨在实现他人的共同利益，而不只是该团体成员的利益；

第二，依据国内立法，代表着特殊的法律框架；

---

① 孙新昱.论国际非政府组织国际法律人格的承认 [J].山西师大学报（社会科学版），2009(6)：18.

② 这些论文包括：阿娜玛丽·拉罗萨.人道组织与国际刑事法庭：尝试方枘圆凿.廖凡，译.国际人道法文选（2006），法律出版社，2008；黄卫东.非政府国际组织应纳入国际法学研究范围 [J].沈阳师范大学学报（社会科学版），2005(3)；彭雪娇.论非政府组织 (NGOs) 的国际法主体资格 [J].重庆工商大学学报(社会科学版)，2008(1)；徐莹.政治机会结构视角下国际非政府组织与发达国家间关系探析 [J].云南师范大学学报(哲学社会科学版)，2008(4)；赵海峰、李晶珠.非政府组织与国际刑事法院 [J].当代法学，2007(5) 等.

③ UN ECOSOC Resolution 1296(CLIV), para.7. The full text of the resolution, see 'The Conscience of the World': The Influence of Non-Governmental Organizations in the UN System, Edited by Peter Willetts (Hurst & Company, 1996), Appendix B.

④ Philippe Ryfman, Non-governmental organizations: an indispensable player of humanitarian aid, International Review of the Red Cross, March 2007, Vol. 89, No.865, p.34.

　　第三，与公共和私人机构的关系，既包括国内层面的关系（尤其是与国家及其机构的关系），也包括国际层面的关系；

　　第四，涉及志愿承诺与声明意愿的价值观，以确保志愿组织的工作与文明的方法相一致，这一方法在不同程度上与非政府组织所组成的"文明社会"相协调；

　　第五，开展工作的跨国性，不考虑支配条件与程序。

　　显然，红十字国际委员会的非政府组织特点是符合以上描述的。同时，红十字国际委员会作为非政府组织，还具有"国际性"的属性。[①]一是，红十字国际委员会的目的与活动范围的跨国性与国际性。即组织并不局限于在一国之内实现组织愿望与目标，而是在两个以上国家甚至全球范围展开与推进有目的的活动。红十字国际委员会通过跨国的人道主义救助工作，在一线设立国家代表处和地区代表处分别负责一国和多国的事务。这些代表处针对具体所在国的局势和需求开展系列活动。二是，其机构组成的国际性。该组织在全球约80个国家设有代表处和任务团，拥有11000多名工作人员，其中大多都是所在国的当地雇员。[②]三是，资金或其他主要资源来源与使用的国际性。红十字国际委员会的捐助来源于:《日内瓦公约》各缔约国、国家红会、超国家组织（如欧盟）、公众和私人捐助等。红十字国际委员会所应对局势和开展的一线行动也是全球范围内的。

　　由此，我们可以推断红十字国际委员会是一个具有特殊身份的国际非政府组织。

---

① 王杰,张海滨,张志洲主编.全球治理中的国际非政府组织[M].北京：北京大学出版社，2006：16.

② 《走近红十字国际委员会》，红十字国际委员会东亚地区代表处，2007：4.

二、红十字国际委员会具有特殊的国际法地位

关于红十字国际委员会的国际法地位，学界的争论主要集中在红十字国际委员会是否具有国际法主体地位。

（一）国际法主体地位的条件

国际法主体，是指独立参加国际关系并直接在国际法上享受权利和承担义务，并具有独立进行国际求偿能力者。由此可见，具有国际法主体地位需具备以下三个条件：一是独立参加国际关系，二是能够直接承受国际地位上的权利和义务，三是具有独立进行国际求偿的能力。传统观点认为国际法主体必须完全具备这些条件，这些条件也密切联系成为一体，缺一不可。[①] 所以传统的国际法认为，国家是唯一的国际法主体。现代国际法则不仅承认主权国家是国际法主体，而且认为在一定范围和一定条件下，政府间国际组织和争取独立的民族也是国际法的主体。

现代国际法将国际法主体分为基本主体和派生主体两类：主权国家是国际法的基本主体，除国家之外的为国际法的派生主体。[②] 基本主体的地位是由国际法原则确立的，而派生主体的地位则是由主权国家通过条约或其他方式授权而确立的；基本主体享有广泛的权利能力和行为能力，而派生主体只能在条约或其他方式授权的范围内享有一定限度的权利能力和行为能力。因此，作为特殊的国际非政府组织的红十字国际委员会，其主体地位问题便只能从派生主体的角度进行分析和探讨。

（二）红十字国际委员会的特殊法律地位

尽管红十字国际委员会作为一个国际非政府组织已经得到越来

---

① 梁西. 国际法 [M]. 武汉：武汉大学出版社，2000：75.

② 陈勇. 论国际法主体发展的新趋向 [J]. 湖南科技学院学报，2006(4)：134.

广泛的认可，但红十字国际委员会并非由国家通过国际条约而建立，而是由私人发起成立的组织，它在国际法上具有特殊的法律地位。1915年，红十字国际委员会正式成为瑞士民法意义上的团体从而在瑞士获得了法人资格，并且该资格被一直保留至今。但是，作为私人社团的红十字国际委员会承担的却是国际人道使命，如承认国家红十字会、维护国际红十字与红新月运动的基本原则、在武装冲突或内乱中协调国际救援行动。尤其重要的是，《日内瓦公约》及其附加议定书为红十字国际委员会创设了一系列的权利和义务，如为战俘和受保护的平民设立中央情报所、探视战俘和被拘留平民、充当保护国等。最后，红十字国际委员会还有人道倡议权，即在非国际性武装冲突乃至国内动乱和紧张局势的情况下，有权向有关方提出提供人道服务的建议。红十字国际委员会开展上述活动的法律依据为《日内瓦公约》及其附加议定书、《国际红十字与红新月运动章程》或红十字与红新月国际大会的决议。

因此，红十字国际委员会不仅具有瑞士法人资格，而且具有国际法律人格。[①] 截至目前，红十字国际委员会与80多个国家签署了总部协定，许多国家给予红十字国际委员会以某种特权和法律豁免权，这些权力是基于一些国家的国内法以及红十字国际委员会与各国政府签订的协定，或者在某些情况下依据国际法的特殊规定。例如，使其可免于行政和司法手续的法律程序豁免权，以及其房屋、档案和其他文献的不可侵犯性。这些特权和豁免对红十字国际委员会来说是不可或缺的，因为它们保证了其开展行动所必需的两个条件，即中立和独立。1993年，红十字国际委员会与瑞士政府签订了总部协议，该协议不仅

---

① 朱文奇. 国际人道法 [M]. 北京：中国人民大学出版社，2007：421.

给予了红十字国际委员会特权与豁免，还确认了其"国际法律人格"，并保证其独立于瑞士政府的自由行动。各主权国家给予红十字国际委员会的这些待遇和特权，都是其他非政府组织所没有的。鉴于红十字国际委员会在国际上的地位，联合国大会于1990年10月16日通过第45/6决议，给予红十字国际委员会"联大观察员"资格。给予一个非政府和国际组织以常任的联大观察员地位，在联合国的历史上还是第一次。此外，红十字国际委员会代表每个月都要在纽约会见联合国安理会主席，而红十字国际委员会主席则每年都来纽约与联合国安理会所有成员见面一次。

1986年4月24日签订的《关于承认非政府间国际组织的法律人格的欧洲公约》已经明确承认非政府间国际组织的国际法主体地位。非政府组织也被《联合国宪章》等若干政府间国际组织的法律章程及相关决议专门指出其法律地位。红十字国际委员会具有独立参加国际关系的能力并承受国际上一定的权利和义务、特权和豁免，在国际人道法的传播与实践中正发挥着重要的作用，其国际法主体地位已经得到一些认可。但由于红十字国际委员会的权利和义务最终还是来自主权国家一定方式的授权，因而其国际法主体地位仍具有限制性，应当属于国际法的派生主体。

三、红十字国际委员会是国际红十字与红新月运动的组成部分

（一）国际红十字与红新月运动的产生

1864年，在《改善战地陆军伤者境遇之《日内瓦公约》签署之后，红十字运动在欧洲得到了迅速的发展，并向外扩张至伊斯兰国家。但由于十字是基督教的宗教符号，信仰伊斯兰教的教徒不愿意接受，1876

年奥斯曼帝国采用"红新月"标志，1906年波斯帝国在《日内瓦公约》修改大会上请求使用红狮和太阳标志。1929年国际红十字会承认了这两个标志。伊朗霍梅尼政变取得政权后，废弃了红狮的符号，和其他伊斯兰者世界一样采用红新月符号。1986年国际红十字运动改名为"国际红十字与红新月运动（International Movement of Red Cross and Red Crescent）"。

（二）红十字国际委员会是国际红十字与红新月运动的组成部分

国际红十字与红新月运动是由三部分组成的，即：红十字国际委员会、红十字会与红新月会国际联合会和全世界获正式承认的国家红十字或红新月会，[①]这三部分组成一个整体，构成了一个世界性的人道主义运动，其任务是防止并减轻发生在无论何处的人类疾苦；保护人的生命和健康；保障人类尊严，尤其是在发生武装冲突和其他紧急情况的时候；为预防疾病、增进健康和社会福利而工作；鼓励志愿服务，鼓励红十字运动的成员随时做好准备提供帮助，鼓励对那些需要红十字运动保护和帮助的人持有普遍的同情感。红十字国际委员会的主要职责是维护国际红十字运动的基本原则，世界上新成立的红十字会或经过改组的红十字会须经红十字国际委员会正式承认，才能加入国际红十字组织。

红十字会与红新月会国际联合会（IFRC）是由世界各国红十字会与红新月会组成的，它的前身是"红十字会与红新月会协会"，最初名称"红十字会协会"，1991年改成现名。联合会是在1919年成立的，创

---

①　"红新月会"是"红十字会与红新月会国际联合会"所承认和阿拉伯世界地方组织称谓。"红十字会与红新月会国际联合会"在世界多数国家使用白底红十字标志，称之为"红十字会"，一些伊斯兰国家使用白底红新月标志，称之为"红新月会"。此外白底红棱框的红水晶标志也是"红十字会与红新月会国际联合会"正式标志．

建人是美国红十字会的一位领导人戴维逊，他成立联合会的目的之一就是把各国红十字会联合起来，组成一个类似国际联盟的组织，目标是提高卫生水平、预防疾病和减轻痛苦，成为各国红十字会与国际社会联络和合作的桥梁。国际联合会是一个独立的人道主义团体，其性质是非政府、非政治、非种族、非教派的，其宗旨是经常激励、鼓舞、便利和促进各国红十字会所从事的各种各样的人道主义活动，目的在于防止并减轻人类痛苦，从而为维护和促进世界和平做出贡献。1963年它与红十字国际委员会一起共同获得诺贝尔和平奖，它也是联合国观察员。

各国红十字会是红十字运动的基本成员和重要组成力量，它们依据自身章程和本国立法从事符合运动任务、基本原则的人道主义活动，各国红十字会支持本国政府为满足各自国家人民的需要而开展的人道主义工作。

第三节　国际人道法的形成与演进

一、国际人道法的概念

有关国际人道法的概念一直存在争议，学者见仁见智。1981年，红十字国际委员会在其出版物中对国际人道法定义为"由国际条约和习惯法所构成的，其目的是为了解决由国际性和非国际性武装冲突所直接引起的人道问题，以及出于人道方面的原因，为保护已经或可能受武装冲突影响的人员及其财产而对有关冲突方适用的作战手段的方法的选择进行一定限制的国际规则"。[①] 有学者指出，红十字国际委员

---

① Action by the International Committee of the Red Cross in the Event of Breaches of International Humanitarian Law, International Review of the Red Cross, March–April 1981, p.1.

会给出的这个界定虽然"精当地指明了国际人道法以条约和习惯为渊源，以存在武装冲突——包括国际性的和非国际性——为适用条件，以解决武装冲突直接引起的人道问题为目的，以限制作战手段和方法、保护有关人员和财产为内容"[①]，但还要结合1996年国际法院在其就联合国大会要求提供的关于以核武器相威胁和使用核武器的合法性问题的咨询意见中对国际人道法的阐述，做进一步的充实和完善。但是总体而言，这个界定被认为是较为准确和恰当的，也被多位学者认可。[②]朱文奇教授认可该定义并认为："国际人道法，是在战争或武装冲突中，以条约和惯例为形式，用来保护不直接参加军事行动（如平民百姓）或不再参加军事行动（如军事部队的伤、病员和俘虏）的人员为目的、并规定各交战国或武装冲突各方之间交战行为的原则、规则和制度的总体。"[③]

在分析了上述有关"国际人道法"的定义并对比了定义公式[④]后，我们认为：国际人道法是国际公法的一个分支，是指在战争或武装冲突（国际性和非国际性）中，出于人道目的，以条约和惯例的形式，保护不直接参加军事行动或不再参加军事行动的人员，规定各交战国或冲

---

① 该咨询意见将国际人道法界定为"是由协定和习惯构成，从海牙法和日内瓦法发展而来的，在国际性和非国际性武装冲突中限制作战手段和方法，保护已经或可能受到武装冲突危害的人员及财产，以最大限度地满足武装冲突中人道要求的统一的国际法规则体系"。这个定义的特别之处是，强调了国际人道法除了日内瓦法之外，还包括海牙法。见俞正山．国际人道法研究 [M]．北京：解放军出版社，2010：2.

② 朱文奇教授著的《国际人道法》（中国人民大学出版社，2007年版）和杨泽伟教授著的《国际法析论（第二版）》（中国人民大学出版社，2007年版）中都使用了红十字国际委员会的这个定义.

③ 朱文奇．何谓"国际人道法" [M]// 武大国际法评论：第一卷，4.

④ 只是单从对"国际人道法"的定义上，我们应遵从"被定义概念=种差+邻近属概念"的公式，并应该淘汰六种信息：(1) 重复、冗赘信息；(2) 比较信息；(3) 成因、背景信息；(4) 描写信息；(5) 作用、意义信息；(6) 举例的信息.

突方之间交战行为的原则、规则和制度的总称。

二、国际人道法的演进

国际人道法是历史发展的产物，它的发展经历了地域战争规范、国际战争法、国际人道法三个阶段。[①]

（一）地域战争规范阶段

在很长一段时期内，世界上的战争只局限于或基本局限于各个不同地域的内部，而相距遥远的不同地域的人们之间没有可能进行战争。各个地域形成了各自的战争规范。

古代中国是地域战争规范的典型。周朝灭商，秦率兵灭六国，到汉朝的建立，隋朝的大一统，元朝的建立，都是战争打天下。在长期的战争中，逐渐形成了一套很有特色的规则：一是战争必须是正义的；二是师出有名，征战有时；三是作战行为要符合仁与义；四是善待俘虏；五是爱护敌国的百姓和财物。[②]历史上秦汉至鸦片战争，分分合合，但在战争规范方面，却没有大的发展。

与中国古代历史类似，在世界其他地区，也存在着地域战争规范。在埃及、巴比伦、印度、古希腊和罗马都有关于作战规则的记载，如禁止使用暗藏的武器、有倒钩的和有毒的武器，禁止攻击逃跑的、投降的、放下武器的敌人，禁止在饮水中下毒等。[③]

这些战争规范在一定区域或一定时期有一定的约束力，并且内容较为零散，属于国内法的范围，不具有国际法的意义。

[①] 俞正山教授在其著作《武装冲突法》中，将武装冲突法的发展历史总结为地域战争规范、国际战争法、武装冲突法三种形态。本文学习并借鉴了这种观点，但将武装冲突法等同国际人道法。见俞正山.武装冲突法 [M].北京：军事科学出版社，2001：1-9.

[②] 俞正山.武装冲突法 [M].北京：军事科学出版社，2001：1-3.

[③] 王铁崖.国际法 [M].北京：法律出版社，1981：509-510.

（二）国际战争法阶段

地域战争规范在发展过程中，越来越被确认为规范战争的法律。在古代，战争对各个国家来说均被看作是自然状态。在中世纪，欧洲人认为战争是关于权利的纠纷，在争端中使用武力被认为是法庭证据之一。从11至12世纪开始，人们为限制战争而想完全禁止战争，逐渐形成了一条规则，只有国家元首才有权宣战和进行战争，并逐渐确定了进行战争的所谓合法理由。枪炮出现以后，人们也试图加以禁止。[①]在这个时期的战争中，俘虏的待遇是取决于其社会地位的，对骑士、大领主实行荣誉法，而对于广大战士，则没有任何公认的关于俘虏的规则。伤员的处境也缺乏法律保障。[②]

随着欧洲中世纪战争与和平的不断交替，学者开始自觉地研究战争法。1360年，波伦亚大学法学教授勒格那诺撰写《论战争、报复与交战》一书，就涉及到战争法的内容。西班牙神学家维多利亚所著的《神学感想录》，有一部分是讨论战争法问题的。西班牙军法官亚亚拉在1582年出版了《战争的权利和职务与军纪》，意大利法学家真提利在1588年和1598年出版了《战争法评释》和《战争法》。[③]1652年，格劳秀斯的《战争与和平法》，为国际战争法奠定了基础。为了限制作战手段和作战方法，规范交战各方的行为，在国际社会的努力下，19世纪末出现了一系列国际条约，如1856年的《巴黎海战宣言》等，开创了正式编纂国际战争法的先河。1899年和1907年两次海牙会议，通过了一系列公约和宣言，构建了国际战争法的总体框架。[④]1925年的日内瓦

---

① 在1139年第二次拉特兰公会议上，禁止使用远射程投掷大炮和弩.

② 盛红生，杨泽伟，秦小轩.武力的边界 [M].北京：时事出版社，2003：24-26.

③ 俞正山.武装冲突法 [M].北京：军事科学出版社，2001：5.

④ 俞正山.寸心集 [M].北京：解放军出版社，2010：20.

议定书、1929年《日内瓦公约》等进一步充实了国际战争法内容。

国际战争法克服了地域战争规范的缺陷，它对国家具有普遍的适用性，内容上也更趋于完整，在国际法律效力上也具有了更强的约束力。但这个阶段的战争法仍然以肯定战争方式解决国际争端具有合法性作为基础。

（三）国际人道法阶段

第二次世界大战结束后，联合国成立，并于1945年6月26日在旧金山制订了《联合国宪章》，宪章开宗明义"欲免后世再遭今代人类两度身历惨不堪言之战祸""运用国际机构""运用国际力量，以维持国际和平及安全"。这意味着一个不同于国际战争法的更高层次的新的战争规范形态产生了。这种新的战争规范形态是以废弃战争制度为其前提和基础的，其适用范围也不再只局限于国家间进行的事实上的战争。但《联合国宪章》只规范了战争权的问题，即使用武力的合法性问题，而未规定战争中法规与惯例的问题。1949年8月12日签订的《日内瓦（四）公约》弥补了《联合国宪章》的不足，规定了在武装冲突时应遵守的人道规则，并出现了"人道主义组织"和"人道主义活动"的术语，① 因此，在四部《日内瓦公约》的影响下，20世纪50年代初，国际法学家们已经开始使用"国际人道法"的称谓了。1956年，红十字国际委员会提交给在新德里召开的第19次国际红十字会议的文件中，不仅使用了"国际人道法"的术语，而且还把它定义为"特别地从日内瓦和海牙会议的文件派生出来的国际法规则"。1971年国际红十字会召开"重申和发展适用于武装冲突的国际人道法政府专家会议"，标志着国际社会完全接受此术语。在1974—1977年日内瓦举行的"关于重申

---

① 第一、二、三公约的第9条，第四公约的第10条．

和发展适用武装冲突的国际人道法的外交会议"上，"国际人道法"出现在所形成的最后文件中（即第四次外交会议通过的法律文件）。[①]

也有学者将这一阶段称为武装冲突法阶段，认为"作为国际公法一分支的国际人道主义法——又称之为国际武装冲突法"，[②]但也有学者持不同的观点，认为"国际人道主义法并不就是武装冲突法，而只是武装冲突法的一部分"。[③]在此，笔者赞同第一个观点，将国际人道法阶段与武装冲突法阶段等同。这一观点与红十字国际委员会的观点相一致。[④]

三、国际人道法的主要内容

国际人道法包括"海牙公约系统"和"《日内瓦公约》系统"两个分支系统。海牙公约系统是关于作战手段的诸多公约的统称；《日内瓦公约》系统是关于保护平民和战争受难者的诸多公约的统称。

在学术界，有一种观点认为，国际人道法是专指《日内瓦公约》系统即关于保护平民和战争受难者这部分内容，把海牙法排除在国际人

---

① 俞正山.国际人道法研究 [M]. 北京：解放军出版社，2010：2.

② 俞正山.武装冲突法 [M]. 北京：军事科学出版社，2001：16.

③ 俞正山.武装冲突法 [M]. 北京：军事科学出版社，2001：16.

④ 红十字国际委员会曾明确解释说，国际人道主义法"在性质上，显然是指武装冲突的人道法规，就是保护人们及其不可缺少的财产的规则。因而它不仅包括《日内瓦公约》，而且出于人道目的还包括决定战斗行动、武器使用、战斗员的行为以及进行复仇等所应遵守的界限的条约、习惯法规则和确保正确使用这些法规的各种规定。"见王铁崖，《中华法学大辞典，国际法卷》，中国检察出版社，1996年版，第211–212页。此外，杜南学院出版的《国际红十字与红新月运动》一书中说：国际人道法也称之为"武装冲突法"，早先则以战争法知名。见，Hans Humanity For All, The International Red Cross and Red Crescent Movement, Henry Dunant Institute, Vienna：Berne，1993, p.491. 转引自俞正山.国际人道法研究 [M]. 北京：解放军出版社，2010：9.红十字国际委员会的许多出版物中都将国际人道法等同于国际战争法或武装冲突法。如《尊重国际人道法》《国际人道法问答》《战争中的法律保护》等出版物中都有类似"国际人道法，亦被称为'战争法'或'武装冲突法'"的表述.

道法之外。① 还有一种观点是把国际人道法等同于《日内瓦公约》。② 以俞正山教授为代表的另一种观点受到多数学者的支持，即国际人道法包括日内瓦法和海牙法。③

海牙公约系统和《日内瓦公约》系统并不是完全独立或互不相干的，因为有部分海牙公约的法律效力在保护平民和战争受难者，有部分《日内瓦公约》的法律效力也在限制交战各方作战方式和手段，而保护平民和战争受难者往往要通过限制交战各方作战方式和手段来实现。在红十字国际委员会对国际人道法的定义中，就不仅包含了对战争受难者（武装部队的伤病员、战俘和平民）的保护，而且还包含了各交战国或武装冲突各方之间作战手段和方法的限制。1977年6月8日签订的保护国际性和非国际性武装冲突受难者的《日内瓦公约》两个附加协定书，把海牙公约对作战方法和作战手段的规则与《日内瓦公约》保护平民和战争受害者的规则有机地联系起来，从而构筑了符合时代要求的当代国际人道法的框架，形成了一个统一的国际法形式和体系。因此，有专家称，1977年签订的《日内瓦公约》两个附加协定书是国际人道法发展史上的一座里程碑。1996年，国际法院咨询意见中也认为："传统国际法上所称'战争法规惯例'部分地以1868年《圣

① [德] 马克斯·普朗比较公法及国际法研究所. 国际公法百科全书（第四专辑），中山大学法学研究所译 [M]. 广州：中山大学出版社，1992：487。该书的"战争"条为"对适度对行动的限制，不仅通过战争的人道主义法，还要通过诸如关于战争方法和手段。"这个表述把属于海牙法的限制作战方法和手段的规定排除在国际人道法之外.

② 王铁崖. 中华法学大辞典·国际法学卷 [M]. 北京：中国检察出版社，1996：488。该辞典的"日内瓦法"一条为"即国际人道主义法。"别无释文。这是把"国际人道法"与"日内瓦法"完全等同起来，而剔除了海牙法.

③ 俞正山. 国际人道法研究 [M]. 北京：解放军出版社，2010：4。由段洁龙主编的《中国国际法实践与案例》中，也明确"国际人道法主要由海牙公约体系和《日内瓦公约》体系构成。"此书由中华人民共和国外交部条约法律司编撰，2011年出版，具有一定权威性.

彼得堡宣言》和1874年布鲁塞尔会议为基础，是人们在海牙进行编纂（包括1899年和1907年海牙公约）的结果。'海牙体系'，更准确地说，《陆战法规和惯例的章程》规定交战各方行为的权利与义务，并限制其在国际武装冲突中杀伤敌方人员所使用的手段和方法。除此以外，还有旨在保护作战部队的伤病员和不参加敌对行为，即战争受难者的'日内瓦体系'。这两个在武装冲突中适用的法律体系互相紧密地联系在一起，并逐渐发展成为今天被称之为'国际人道法'的统一的、复合的法律体系"。[①] 因此，国际法院认为，"海牙条约体系"还有"日内瓦条约体系"，这两个在武装冲突中适用的法律体系互相紧密地联系在一起，并逐渐发展成为今天被称之为国际人道法的单一的、复合的法律体系。

（一）《日内瓦公约》

通常所指的《日内瓦公约》是1864年至1949年在瑞士日内瓦缔结的关于保护平民和战争受难者的一系列国际公约的总称。现行的《日内瓦公约》主要指1949年8月12日在日内瓦重新缔结的四部基本的国际人道法，有关战争受难者、战俘和战时平民待遇的国际公约及后来产生的包括三个附加议定书。

现行《日内瓦公约》的内容包括：

第一公约，《改善战地武装部队伤者病者境遇之《日内瓦公约》（即1949年日内瓦第1公约），共有64条正文及2个附件，主要内容是：确认敌对双方伤病员在任何情况下应该无区别地予以人道待遇的原则；禁止对伤病员的生命和人身施加任何危害或暴行，特别是禁止谋杀、酷刑、供生物学实验或故意不给予医疗救助及照顾；医疗单位及其建筑物、器材和人员不受侵犯，但应有明显的白底红十字或红新月及红狮

---

① 国际法院咨询意见，1996年7月8日，第78段．

与日标志。

第二公约，《改善海上武装部队伤者病者及遇船难者境遇之《日内瓦公约》（即1949年日内瓦第2公约），共有63条正文及1个附件，是对1907年海牙第10公约的修订和补充。它在适用范围、保护对象、基本原则等方面，与第1公约完全相同，只是结合海战的特点，规定了海战中保护伤病员、医院船及其人员的特殊原则和规则。该公约仅适用于舰上部队，登陆部队仍适用日内瓦第1公约所规定的原则和规则。

第三公约，《关于战俘待遇的《日内瓦公约》（即1949年日内瓦第3公约），共有143条正文和5个附件，是对1929年同名公约的修订和补充。它扩大了公约的适用范围和保护对象。主要内容是：战俘系处在敌国国家权力管辖之下，而非处在俘获他的个人或军事单位的权力之下，故拘留国应对战俘负责，并给予人道待遇和保护；战俘的自用物品，除武器、马匹、军事装备和军事文件外，应仍归战俘保有；战俘的住宿、饮食及卫生医疗照顾等应得到保障；对战俘可以拘禁，但除适用刑事和纪律制裁外不得监禁；不得命令战俘从事危险性和屈辱性的劳动；战事停止后，应立即释放或遣返战俘，不得迟延；在任何情况下，战俘均不得放弃公约所赋予的一部或全部权利；在对某人是否具有战俘地位发生疑问的情况下，未经主管法庭做出决定之前，此人应享有本公约的保护。

第四公约，《关于战时保护平民之《日内瓦公约》（即1949年日内瓦第4公约），共有159条正文和3个附件。在1899年海牙第2公约和1907年海牙第4公约附件中只有一些零散的保护平民的条文（见海牙公约）。此公约是对这些条文的补充和发展。其主要内容是：处于冲突一方权力下的敌方平民应受到保护和人道待遇，包括准予安全离境，保障未被遣返的平民的基本权利等；禁止破坏不设防的城镇、乡村；禁止杀害、胁迫、虐待和驱逐和平居民；禁止体罚和酷刑；和平居民的人身、家庭、荣誉、财产、宗教信仰和风俗习惯，应受到尊重；禁止集体惩罚和扣押人质等。

此外，1977年通过了《日内瓦公约》的两个附加议定书。第一附加议定书是关于保护国际性武装冲突受难者的附加议定书，制定了作战规则。战斗员必须在选择武器和作战方法上，采取一切可行的预防措施，以避免附带造成的人员生命损失、平民受伤害以及民用物体受损坏。该议定书还设立了比例原则，要求在攻击时平衡军事需要与人道需求。第二附加议定书是关于保护非国际性武装冲突受难者的附加议定书，是首部专门保护受非国际性武装冲突或内战影响之人的国际条约。2005年通过了第三附加议定书，是关于采纳一个新增特殊标志的附加议定书。

（二）海牙公约

海牙公约是1899年和1907年两次海牙和平会议通过的一系列公约、宣言等文件的总称，亦称"海牙法规"。

1899年第一次海牙和平会议是在帝国主义国家大规模扩军备战和纠集军事同盟的背景下召开的。然而它们却宣称这次会议的主要目的是"保障和平，首先是限制军备"。参加这些会议的共26个国家，主要是欧洲国家，其中包括俄、英、法、德、日、意、奥匈帝国以及美国。会议未能就其宣称的主要目的"裁军"达成协议，仅声明各国有减缩军备的愿望。但在和平解决争端和战争法规编纂方面签订了3项公约和3项宣言。3项公约包括：《和平解决国际争端公约》（1899年海牙第1公约）；《陆战法规和惯例公约》（1899年海牙第2公约）及其附件《陆战法规和惯例章程》；《关于1864年8月22日日内瓦公约的原则适用于海战的公约》（1899年海牙第3公约）。3项宣言包括：《禁止从气球上或用其他新的类似方法投掷投射物和爆炸物宣言》（1899年海牙第1宣言）；

《禁止使用专用于散布窒息性或有毒气体的投射物的宣言》（1899年海牙第2宣言）；《禁止使用在人体内易于膨胀或变形的投射物，如外壳坚硬而未全部包住弹心或外壳上刻有裂纹的子弹的宣言》（1899年海牙第3宣言）。

第二次海牙会议原定在1904年举行，由于日俄战争爆发，延迟到1907年，有44个国家参加，包括第一次海牙会议的全体参加国以及中南美国家。会上对1899年的3项公约和1项宣言（第1宣言）进行了修订，并新订了10项公约，总计13项公约和1项宣言。它们包括：《和平解决国际争端公约》（1907年海牙第1公约）；《限制使用武力索偿契约债务公约》（1907年海牙第2公约）；《关于战争开始的公约》（1907年海牙第3公约）；《陆战法规和惯例公约》（1907年海牙第4公约）及其附件《陆战法规和惯例章程》；《中立国和人民在陆战中的权利和义务公约》（1907年海牙第5公约）；《关于战争开始时敌国商船地位公约》（1907年海牙第6公约）；《关于商船改装为军舰公约》（1907年海牙第7公约）；《关于敷设自动触发水雷公约》（1907年海牙第8公约）；《关于战时海军轰击公约》（1907年海牙第9公约）；《关于1906年7月6日日内瓦公约原则适用于海战的公约》（1907年海牙第10公约）；《关于海战中限制行使捕获权公约》（1907年海牙第11公约）；《关于建立国际捕获法院公约》（1907年海牙第12公约，未生效）；《关于中立国在海战中的权利和义务公约》（1907年海牙第13公约）；《禁止从气球上投掷投射物和爆炸物宣言》（1907年海牙第14公约）。

海牙公约依其内容大致可分为三类：

第一，和平解决国际争端类。包括1899年海牙第1公约、1907年海牙第1和第2公约。根据这几项公约，各缔约国承担了"和平解决国际争端"和"尽量避免诉诸武力"的一般性义务，并确定以斡旋、调停、国际调查委员会和国际仲裁等方式达到这一目标，这对限制传统国际法上的"诉诸战争权"做出了重要贡献。

第二，战争开始和中立国权利与义务类。包括1907年海牙第3、第5、第6和第13公约。第3公约在历史上第一次正式确立了宣战制度，规定不宣而战是非法的；第6公约规定了战争开始时对敌国商船的保护制度；第5和第13公约详细、具体地编纂了中立国及其人民在陆战和海战中的权利与义务的法规和惯例。

第三，战争法规类。上述两类以外的条约都属于此类。这类条约是海牙公约的主体部分，从陆战、海战、空战等不同方面限制了作战手段和方法，并进一步明确和完善了战斗员、战俘和伤病员的待遇。其中最重要的是1907年海牙第4公约及其附件。该公约包含了战争法规的基本原则和具体规范，其内容乃至措辞与1899年海牙第2公约及其附件几乎完全相同，本拟以前者取代后者，但由于1899年海牙公约的一些缔约国未签署和批准1907年海牙公约，所以两者并存。两项公约的序文都载明一项重要条款：在本公约中所没有包括的情况下，平民和战斗员仍受那些"来源于文明国家间制定的惯例、人道主义法规和公众良知的要求"的国际法原则的保护和管辖。这就是著名的"马尔顿条款"，它对于战争法规的效力具有重要意义。后来许多战争法条约都重申了这一内容。

四、国际人道法在国际法中的地位

国际法是在国际交往中形成的，用以调整国际关系（主要是国家之间的关系）的，有法律约束力的各种原则、规则和制度的总称。[①] 传统

---

① 梁西主编.国际法 [M].湖北：武汉大学出版社，2007：3.

国际法由两部分组成：和平法与战争法。但此后战争法一词又演变为现代国际法上经常提到的国际人道法。因此，国际人道法属于国际法的范畴，是国际法的重要组成部分。

（一）国际人道法是国际法的重要分支

国际法不仅调整国家之间在和平时期的关系，而且还调整国家之间、国家与其内部武装团体、或各武装团体相互之间在战争或武装冲突期间的关系。国际人道法的规则适用于武装冲突。只要一发生战争或武装冲突，就不可避免会产生国际人道法规则的适用问题。因此，国际人道法只能作为国际法的一个分支而存在，而国际法也必须包含有关武装冲突方面的规则，因为国际人道法调整的是国家关系中一个令人遗憾的形式，即武装冲突。

国际法调整的范围包括两个层面：一个是国际社会成员，包括各国以及由各国所创建的国际组织之间的协调与合作；另一个是适用于70亿人[①]所组成的国际共同体的关系。[②]从第一个层面看，当各国处于交战状态，并且一国的生存已岌岌可危时，法律仍然规范着国家间的关系。这是国际人道法作为国际法分支的一种现实体现。从第二个层面上看，这些国际人道法规则不仅适用于国家或政府使用武力的情形，而且还直接适用于此情形下一切人类暴力行为的事实。任何国内法律体系都没有与此类似的规则，即规定那些正在违反基本规则的违法者必须如何行为的规则。国际人道法展现了国际法的缺陷，同时也体现了它的特性。如果说一切法律都是以人为本的，那么在武装冲突这种

---

① 据联合国人口基金预测，世界人口于2011年10月31日达到70亿。这一天凌晨，象征性的全球第70亿名成员之一的婴儿在菲律宾降生．

② Marco Sassoli, Antoine A. Bouvier, How Does Law Protect in War, International Committee of the Red Cross, Geneva 2006, p.89.

最不人道的情形下对战争受难者加以保护，是国际人道法作为国际法重要分支的价值。

（二）国际人道法对国际法具有重要的实践意义

无论是从人道，还是实践的角度看，国际人道法在国际法中都是具有重要意义的。当今世界，人权、人道的观念早已深入人心。一国政府对国际人道法的态度已成为其得道多助、失道寡助的重要衡量标准。目前，加入1949年《日内瓦公约》的国家有194个，[①] 和批准加入《联合国宪章》并成为联合国会员国的数字基本一样，可见国际人道法对各国政治影响之深。

从国际刑法实践的角度看，国际人道法已成为国际刑事司法实践的重要理论来源和价值导向。联合国安理会1993年5月成立了前南斯拉夫国际刑事法庭（International Criminal Tribunal for the Former Yugoslavia），1994年11月成立了卢旺达国际刑事法庭（International Criminal Tribunal for Rwanda）。联合国安理会给予这两个国际刑事法庭的管辖权（jurisdiction），是起诉"严重违反国际人道法的行为"（serious violation of international humanitarian law），或"国际人道法的罪行"（crimes under international humanitarian law）。2002年7月1日成立的国际刑事法院（International Criminal Court），其《罗马规约》里所包括的罪行，也就是国际人道法下的罪行。而这些国际人道法下的罪行，在美国纽约联合国"成立国际刑事法院预备委员会"（the Prep Com）和在意大利罗马"成立国际刑事法院外交大会"上讨论时，又被与会代表称之为国际法规范的"核心罪行"（the Core Crimes）。[②]

---

① "Geneva Conventions of 12 August 1949 and Additional Protocols of 8 June 1977", Ratifications, accessions and successions as at 31 December 2001, established by the Center for legal documentation of the ICRC.

② 朱文奇. 何谓"国际人道法" [M]// 武大国际法评论：第一卷，34.

由此可以看出，国际人道法在实践中，已经具有越来越重要的地位，是国际法的一个重要组成部分。

第四节　红十字国际委员会与国际人道法的衔接

国际人道法是国际红十字运动开展人道救助工作的法律依据，传播国际人道法是国际红十字运动的重要职责，红十字国际委员会与国际人道法有着千丝万缕的联系，具体表现在以下三个方面：

一、红十字国际委员会的人道理念与国际人道法的思想理论基础具有内在一致性

从古希腊哲学家柏拉图对"战争是国家间的常态"的描述，① 到格劳秀斯《战争与和平法》的出版，② 再到卢梭的《社会契约论》，③ 以及美

---

① 李家善.国际法学史新论 [M].北京：法律出版社，1987：15.

② 格劳秀斯认为，国际法代表一切或许多国家的意志，也来自自然法并服从自然法的一般原则，尤其是信守诺言的原则。战争也应遵守法律所规定的权利和义务；战争有正义和非正义之分，正义战争的理由是自卫、恢复财产和惩罚过错。应当以最大努力防止战争。战时实行人道主义，避免野蛮行为；战后则应遵守和平条约，海洋不得为任何人私有。格劳秀斯在书中列举了许多战争规则，它们是战争法最牢固的基础.

③ 《社会契约论》是国际人道法理论产生的最直接的理论基础，因为此书首次提出了对战争受难者的保护，并影响了两个日后为国际人道法作出重要贡献的人：亨利·杜南和弗朗西斯·利伯。卢梭认为："战争绝对不是人与人的一种关系，而是国与国的一种关系，在战争之中，个人……是以公民的资格，才偶然地成为敌人的，他们……只是作为国家的保卫者。"卢梭指出，只有士兵在自己的战争岗位上才可以被杀死，一旦他们放下武器，他们又成了普通个人。他们的生命就应予以饶恕。卢梭为国际人道法的基础概括了基本的原则，即战斗行动的目的绝不是在肉体上摧毁敌人。论证中，他为将作战部分的成员即战斗员，与另一部分即敌国不参与冲突的其他公民即平民之间进行区分，奠定了基础。由于战争的目的是征服敌方的武装部队，而不是摧毁敌国整个民族，所以武力的使用只准许对付前者（即战斗员）。当然，只要敌方士兵在实施抵抗，就仍可以继续对其使用武力。任何放下武器或由于受伤被迫放下武器的士兵，不再是敌人，因而按照当代武装冲突法的表述，就不再是军事行动的攻击目标了。任何情况下，对单个士兵实施报复是毫无道理的，因为他个人无法对冲突负责。见卢梭.社会契约论 [M].北京：中国社会科学出版社，2009.

国内战期间的《利伯法典》,[①] 自古至今有许多关于向战争受难者提供人道主义救援和对广泛接受的人道主义行为规则进行阐述的记载,不同文化的哲学文献和开明君主的言论也对此多有涉及。这些国际人道法的思想和理论与红十字国际委员会的人道理论具有高度的内在一致性。

从历史上看,杜南不是第一个主张在战争中采取人道措施的人,但把在战争中采取人道措施的想法变成拥有长远和广泛影响力的国际人道法,却是杜南倡导和推动起来的。杜南的伟大之处在于他尊重人的生存权利,并认为应以不存歧视的态度向一切受苦的人提供救助。在索尔费利诺之战后,他首先成功地说服了卡斯蒂廖的村民,照顾和对待受伤、垂死和已死去的敌方士兵像照顾己方的士兵一样,一视同仁;继而又把这个思想观念宣传给社会人士和政府官员,从而为广义的人道理想,亦为红十字的基本观念奠下基石,又为后来的国际人道法的建立奠定了基础。

国际人道法不可能制止或取消战争,它主要是出于人道的考虑,通过限制作战方法和作战手段来达到保护战争受难者,减少战争或武装冲突的残酷性的目的。但为什么要关注士兵和其他人的生存问题呢?如果国际社会和国家真的在乎战争中士兵或其他人员的生命,又何必要发动战争?在战争中,国家的生存要求和个人的生存要求直接

---

① 1863 年美国内战期间,由弗朗西斯·利伯起草的《各州联合军队的政府指示》作为一项命令由华盛顿向各部队发出,这就是后来著名的《利伯法典》。该法典主要提供了关于陆地战争的整个领域的详细规则,从战争行为的正当性和市民的待遇以及关于特殊种类人群的待遇,譬如如何对待战争罪犯、战斗员的伤病员、游击队员等等,都有明确规定。该法典订立后,当时的美国总统林肯就颁布了第 100 号军令,将它定为"美国政府关于战场作战的指南",并马上将它适用于美国内战中。从国际法形成的技术层面上讲,《利伯法典》只是适用于一国国内战争的法律文件,但由于在战争规则方面制定得如此周密和完整,以至于成为战争法的一种模式,并被其他国家所接受和援用,逐渐成了武装冲突中人道主义法典编纂的惯例。见朱文奇.国际刑法 [M].北京:中国人民大学出版社,2007:50–51.

发生冲突。玛莎·费丽莫认为，"士兵如果没有一些其他的社会价值和利益，如荣誉、民族主义和政治上的意识形态，他们可能不会去战斗。正是社会价值赋予了战争的目的，确定了战争的意义。"①因此，国际人道法作为保护士兵和其他人生命的规范也是国家政治的产物，它的核心是"保护"，"保护"的对象首先是相关人员，其次才是场所、物品以及确保人类生存的自然环境。

《日内瓦公约》规定交战国必须保证对伤员和非交战人员实行人道主义保护，即使是交战国的士兵和平民，签字国也应该提供人道主义保护。在战争期间，国家要保护敌方的士兵和外国平民的实际意义相当清楚：遵守人道主义规范使生活在世界的人感到更安全更愉快。②

二、红十字国际委员会使制定国际人道法的设想成为现实

在红十字运动诞生的前夕，欧洲、美洲就出现过红十字运动的先驱人物。例如为医务界所熟悉的、在克里米亚战争（1853 — 1856）中从事战场救护的南丁格尔小姐，被同时称为先驱的还有俄国人尼古拉·皮罗戈夫和美国人克拉拉·巴尔顿。然而，同样都是从事战场救护，南丁格尔等只是"先驱"，亨利·杜南却是创始者。这是因为杜南天才的独特的构想，亦即将人道主义从伦理学范畴引申到法律学范畴，以及超越一切成见，不歧视地向一切遭受苦难的人提供救助的"公正""中立"等概念。

19世纪中期红十字国际委员会成立以来，它就一直在四个方面努力保护个人免受国家暴力之苦：①保证非交战人员，特别是医务人员、伤员和平民的人道主义待遇和中立地位；②帮助战俘，促进战俘遣返

---

① 玛莎·费丽莫.国际社会中的国家利益 [M]. 袁正清，译.杭州：浙江人民出版社，2001：83.

② 玛莎·费丽莫.国际社会中的国家利益 [M]. 袁正清，译.杭州：浙江人民出版社，2001：84.

工作；③向内战中的受难者提供人道主义援助；④对被关押人员给予人道主义待遇。[①]而实现这些目标的方式是建立国家救济机构（主要是国家的红十字会），签订涉及上述人道主义行为的国际公约。1863年10月26日至29日，16个国家的36名代表应"伤兵救护国际委员会"的邀请聚会于日内瓦。会议根据杜南的设想，通过了十项决议，其中主要包括：敦促各国建立伤兵救护委员会；救护伤兵机构、人员及伤兵的中立地位应得到全面绝对的确认；这些工作人员及其使用的设备接受一种特别标志的保护，这个标志就是白底红十字。这些决议不仅构成了红十字运动的创立宪章，确定了伤兵救护国际委员会的职能和工作方式，还蕴藏着国际人道法的雏形，同时为翌年签订《日内瓦公约》打下了良好的基础。

三、红十字国际委员会催生了首部国际人道法文献

伤兵救护国际委员会成立后，摆在其面前的一项重要任务就是说服各国政府不再把伤兵及救护伤兵的人员视为敌对者，因为他们不再参加战斗或没有参加，需要得到保护，这一中立性概念必须纳入一部国际条约中，并为各国军队规定一种保护标志，使医务人员、医院和救护车得到识别。

为达到此目的，五人委员会特别是杜南坚持不懈地工作，说服欧洲各国派代表到日内瓦研究制定一项保护伤兵和伤兵救护团体权益的国际公约。由瑞士联邦委员会和法国政府出面，于1864年8月8日到22日在日内瓦召开了有12位全权代表参加的外交会议。会议几乎未加修改就通过了五人委员会提出的公约草案，于8月22日正式签订《改

---

① 玛莎·费丽莫. 国际社会中的国家利益 [M]. 袁正清，译. 杭州：浙江人民出版社，2001：84.

善战地陆军伤者境遇之《日内瓦公约》，即第一部《日内瓦公约》。这个公约仅有十项条款，但却是人类历史上的一个里程碑。因为在此之前战争和法律是互不相容的，但红十字运动的创立者们却认为即使是在战争中法律也是能够适用的。该公约的基本精神是：交战双方的伤员从退出实战时起，就已中立化而不再是参战人员，应不分敌我、不论肤色、国籍都给予人道待遇；救护车、医院以及使用这些设备为伤员服务的人员、收容伤员的平民也都应受到公约的保护；白底红十字作为战地医院和救护人员的保护性标志等。这一基本精神贯穿在以后缔结的几次《日内瓦公约》的主要条款中，所以第一个《日内瓦公约》也称"蓝本公约或红十字公约"。

第一个《日内瓦公约》的签署标志着国际人道法的诞生，也向世界表明国际红十字运动及其在武装冲突中的特殊作用正式得到了国际公约的承认。

第二章 红十字国际委员会对国际人道法的立法贡献

红十字国际委员会尽管是由个人倡议发起的，但这个有着近150年历史的组织却对国际人道法的发展有着功不可没的立法贡献。红十字国际委员会通过组织或参与关于制定新规则可能性的磋商、通过起草提交外交大会审议的文件草案或对其提出意见和建议的方式，对国际人道法的发展起到了重要的推动作用。国际人道法的第一部《日内瓦公约》（《关于改善战地陆军伤者境遇之《日内瓦公约》》）就是在红十字国际委员会的推动下形成的，国际人道法的另一个重要内容《海牙公约》也渗透着红十字国际委员会的关注和努力。红十字国际委员会在国际人道法的创立、形成和发展阶段都有着显著的贡献。

国际人道法主要包括以下条约：1864年《关于改善战地陆军伤者境遇的《日内瓦公约》；1868年《圣彼得堡宣言》（禁止在战争中使用某些弹丸）；1899年《关于陆战法规和惯例的海牙公约》以及《关于1864年《日内瓦公约》的原则适用于海战的海牙公约》；1906年《1864年〈日内瓦公约〉》的审查与发展》和1907年《审查1899年〈海牙公

约〉并通过新的公约》；1925年《禁止在战争中使用窒息性、毒性或其他气体和细菌作战方法的日内瓦议定书》；1929年两个《日内瓦公约》:《关于改善战地武装部队伤者病者境遇的《日内瓦公约》和《关于战俘待遇的《日内瓦公约》；1949年四个《日内瓦公约》:《改善战地武装部队伤者病者境遇的《日内瓦公约》《改善海上武装部队伤者病者及遇船难者境遇的《日内瓦公约》《关于战俘待遇的《日内瓦公约》《关于战时保护平民的《日内瓦公约》；1954年《关于发生武装冲突时保护文化财产的海牙公约》；1972年《关于禁止细菌（生化）及毒素武器的发展、生产及储存及销毁此类武器的公约》；1977年《1949年8月12日日内瓦四公约关于保护国际性武装冲突受难者的附加议定书》(《第一附加议定书》) 和《1949年8月12日日内瓦四公约关于保护非国际性武装冲突受难者的附加议定书》(《第二附加议定书》)；1980年《关于禁止或限制使用某些可被认为具有过分伤害力或滥杀滥伤作用的常规武器公约》，其中包括：关于无法检测的碎片的议定书（议定书一）、禁止或限制使用地雷（水雷）、饵雷和其他装置的议定书（议定书二）、禁止或限制使用燃烧武器议定书（议定书三）；1993年《关于禁止发展、生产、储存和使用化学武器及销毁此种武器的公约》；1995年《关于激光致盲武器的议定书》(1980年公约议定书四 [新])；1996年《关于禁止或限制使用地雷、诱杀装置和其他装置的修正议定书》(修正的第二号议定书)；1997年《关于禁止使用、储存、生产和转让杀伤人员地雷及销毁此种地雷的公约》；1998年《国际刑事法院罗马规约》；1999年《关于发生武装冲突时保护文化财产的公约第二议定书》；2000年《〈儿童权利公约〉关于儿童卷入武装冲突问题的任择议定书》；2001年《禁止或限制使用某些可被认为具有过分伤害力或滥杀滥伤作用的常规武器公约》

经修正后的第一条；2003年《战争遗留爆炸物议定书》（议定书五）；2005年《1949年8月12日日内瓦四公约关于采纳一个新增特殊标志的附加议定书》等。

第一节 推动国际人道法的创立（1862 ～ 1864 年）

国际人道法包括日内瓦法体系和海牙法体系。而日内瓦法体系是在1864年《改善战地武装部队伤者境遇的《日内瓦公约》（即第一部《日内瓦公约》）的基础上发展起来的，它奠定了人道主义保护规则的基石，使人道主义保护规则完成了从无到有的过程。在随后的30多年，第一部《日内瓦公约》被多次战争适用。因此，我们将1862年《索尔费利诺的回忆》出版至1864年第一部《日内瓦公约》签订作为国际人道法的创立阶段。

一、红十字国际委员会与 1864 年的第一部《日内瓦公约》

回顾历史，红十字国际委员会的早期活动与其说是武力冲突的伤兵救援者，不如说是立法活动的推进者。因为红十字国际委员会在这个时期对国际人道法发展的突出贡献就是倡导并起草了第一部《日内瓦公约》。

1864年8月8日至22日在日内瓦举行的外交会议，通过了《日内瓦公约》，又称《关于改善战地陆军伤者境遇之《日内瓦公约》，公约的主要内容包括：

第一，野战医院、军队医院、医务人员、行政人员、运送伤者的人员、军需官在执行任务期间，均享有中立地位。①

第二，上述所指人员即使在敌人占领后，可以继续在他们服务的医院或野战医院履行他们的职责。如果他们决定撤离，占领军应提供便利。

第三，缴获的军队医院器材可以由占领军保留；野战医院的器材不能保留。

第四，救援伤者的任何国家的居民应受到尊重和享有自由，交战国的将军们应负责向居民发出的人道呼吁和由此而产生的中立地位通知居民。

第五，伤病的军人应受到接待和照顾，当这些军人的伤势已经治愈并被认为不能服役，应将其遣送回他们的国家。其他的人也可以遣送回国，其条件是在战争期间不再拿起武器。撤离单位和指挥他们撤离的人员应受到完全中立的保护。

第六，享有中立的人员、医院和野战医院应该佩戴白底红十字的中立标志。

二、红十字国际委员会努力推动国际人道法的创立

红十字国际委员会在其出版物《国际人道法问答》中曾说明："如果认为1863年红十字的创立或1864年第一个《日内瓦公约》的通过标

---

① 关于志愿人员是否应享有中立地位的问题，一直是会议争论的焦点。在1863年的会议上，代表关心的是拟议的救济机构问题而不是中立问题；在1864年《日内瓦公约》谈判时，国家只同意给予军事医疗人员和伤员以中立地位，而没有给予救济机构志愿人员以中立地位。在该条约谈判时，虽然普鲁士代表极力主张在条约中明确志愿人员的地位，但兰登（当时法国作战部长）指示法国不签署给予志愿人员中立地位的条约。因此此条中，使用"医务人员"的模糊语言旨在安抚双方。见玛莎·费丽莫.国际社会中的国家利益[M].袁正清，译.杭州：浙江人民出版社，2001：93，96.

志着我们今天所说的国际人道法的开端，那应该说是一种误解。就像任何一类社会都不会缺乏其自身的一套规则那样，任何一场战争都不乏一些模糊抑或精确的规则来规定敌对行动的爆发和终止，以及应该如何作战。"①事实上，从有战争以来到现代国际人道法形成之前，有许多古代文献（例如《摩诃婆罗多》《圣经》及《可兰经》）中都包含有一些提倡尊重敌方的规则。例如，一份撰写于13世纪末阿拉伯统治西班牙全盛时期的文献——《维卡耶特》（*Viqayet*）中就包含了一整套的作战守则。另外还有超过500份战俘交换协议、行为守则、盟约及其他旨在规制敌对行动的文件被记载下来。②其中包括于1863年4月生效的《利伯守则》，它标志着对当时已有战争法律与习惯加以编纂的首次尝试，因而也具有重要的地位。然而，与一年后通过的第一个《日内瓦公约》不同，《利伯守则》不具有条约地位，因为它仅为参加美国内战的联军士兵而制定。1864年，由红十字国际委员会起草并推动形成的第一部《日内瓦公约》是一部多边条约，它编纂并巩固了古老、不完整且零散的保护伤者及其救治者的战争法律与习惯。1864年《日内瓦公约》为现代人道法奠定了基础，它的主要特征包括：在全球范围内保护冲突受难者的标准成文规则；具有多边性质，所有国家均可加入；有义务不加歧视地照顾受伤及生病的军事人员；尊重并标明使用（白底红十字）标志的医务人员、运输工具及设备。③

应当说，红十字国际委员会的初创时期，是以保守的方式追求自由的目标，虽然在追求以个人的利益为最高价值的目标时候，手段是

---

① 国际人道法问答 . 红十字国际委员会东亚地区代表处，2008：9.

② 国际人道法问答 . 红十字国际委员会东亚地区代表处，2008：9.

③ 国际人道法问答 . 红十字国际委员会东亚地区代表处，2008：8.

缓慢、谨慎的，并要得到其他政府机构的同意。[1] 例如在国家建立救济机构的落实上，红十字国际委员会主要是在上层和精英群中做宣传，积极寻求政府的支持；在公约签署过程中，因为与会者在"志愿人员"是否应该享有中立地位问题上争议较大，因此红十字国际委员会在最后的条约中使用了"医务人员"的模糊用语以安抚争议双方。但红十字国际委员会正是以这种方式，推动着国际人道法的发展，并在国际人道法的创立过程中，发挥了积极的作用。

第二节　促进国际人道法的形成（1864 ～ 1949 年）

1864年的《日内瓦公约》共有10条，它只是为陆战而订立的规则，并不适用于海战。同时在这一时期的国际法实践中，战争规则逐渐向两个方面集中，即一方面限制作战手段与方法，减少战争的残酷性；另一方面保护交战者与战争受难者。此后国际人道法几度得到发展，国际人道法的框架基本建立，内容大体确定。

一、红十字国际委员会与 1864 ～ 1949 年的国际人道法发展

（一）1899 年第一次海牙和平会议

如前所述，海牙法，也叫"海牙法体系"，其主体部分是对作战手段和方法的限制。

最早规定禁止作战手段和方法的国际文件是1868年的《圣彼得堡宣言》。[2] 宣言的主要内容是各缔约国保证在相互间发生战争时，其军

---

[1] David P. Forsythe, *The Humanitarians*, Cambridge University Press，2005：2.

[2] 1868 年 12 月 11 日，应俄罗斯帝国政府的邀请，在圣彼得堡召开了一次国际军事委员会议，通过了一项《关于在战争中放弃使用某些爆炸性弹丸的宣言》，即《圣彼得堡宣言》.

队放弃使用任何轻于400克的爆炸性弹丸或有爆炸性和易燃物质的弹丸。该宣言还包含了一个重要的人道主义原则，"作战的目的在于削弱敌人之军事力量，即使敌方军队失去其战斗能力。故使用使交战者过分痛苦而死亡的武器实为超越此目的之范围。"[①]1874年8月27日，欧洲国家在布鲁塞尔召开国际会议，制定了关于战争法规与惯例的国际宣言，通过战争法规和惯例国际宣言草案。但是，各国尚没有意识到编纂全面战争法规的重要性与必要性，始终未批准该宣言草案。在这一时期的国际实践中，战争规则逐渐向两个方面集中，即一方面限制作战手段与方法，削弱战争的残酷性；另一方面保护交战者与战争受难者。

和平与人道主义后来构成了海牙会议的两个主要思想基础。"正是在这种形势下，第一次海牙国际和平会议召开并希望通过国际法来约束战争。这种约束既要找到和平解决国家间争端的方式，以减少战争，也要制定战争法规，尽可能限制战争给人带来的痛苦和损伤。"[②]

1899年5月18日，第一次海牙国际和平会议开幕。会议的具体目标为裁减各国军备、编纂和制定战争法规与惯例、寻求和平解决国际争端的方法并将这种解决方法法律化。当时独立国家中的26个主要国家接受邀请，参加了这次会议。[③]红十字国际委员会也派瑞士代表出席了会议。海牙国际和平会议期间，国际仲裁被推崇为和平解决国际争端最有效的方法。英、美两国联合提出建立一个常设的国际仲裁法院，遵照特定的规章进行国家间的仲裁。德国强烈反对英、美两国的该项

---

① 王铁崖等编.战争法文献集[M].北京：解放军出版社，1989：7–8.

② 乔治·阿得利奇.战争法规[J].荷兰国际法杂志，1996,43：221.转引自何笑冰，刘昕生.海牙国际和平会议与国际法发展.

③ 这26个国家是：德国、奥匈、比利时、中国、丹麦、西班牙、美国、墨西哥、法国、英国、希腊、意大利、日本、卢森堡、蒙特尼格罗、荷兰、波希米亚、葡萄牙、罗马尼亚、俄国、塞尔维亚、暹罗、瑞典、瑞士、土耳其、保加利亚.

建议。各方最终不得不做出妥协，会议最后通过的和平解决国际争端公约（海牙第一公约）中，规定成立"常设仲裁法院"，但未成立常设机构，也未规定各国的强制仲裁义务。[①]常设仲裁法院是在国际社会上首次设立的具有国际管辖权的法院，尽管很不完善，却具有划时代的意义。

　　1899年海牙国际和平会议在确立国际战争法规、限制作战手段与方法、保护交战者与战争受难者方面取得了突出成果。会议通过的陆战法规和惯例公约（海牙第二公约），对战争所涉及的法律问题做了全面规定，其内容包括交战者资格、战俘待遇、伤病员待遇、害敌手段、围攻及炮击、间谍、军使、投降、休战、占领等。考虑到当时海战的大规模发展，会议决定把1864年8月22日《日内瓦公约》确定的陆战原则适用于海战，使海上交战双方的伤病员享受到人道待遇，并通过了相应的公约（海牙第三公约）。针对当时军事科技的发展，会议还通过了三个宣言，即禁止从气球或用其他新的类似方法投掷投射物和爆炸物宣言、禁止使用专用于散布窒息性或有毒气体的投射物的宣言和禁止使用进入人体内易胀或易扁之子弹宣言。三个宣言中，除空战在飞机发明后极度发展致使第一宣言失去意义外，另外两个宣言至今仍然有效。

---

①　常设仲裁法院于1900年根据《公约》第20条至29条的规定在海牙设立。1907年第二次海牙会议修订了1899年《和平解决国际争端公约》。根据公约：为了便利把不能用外交方法解决的国际争端立即提交仲裁，各缔约国承诺建立常设仲裁法院；该法院随时受理案件，除当事国另有协议外，法院遵守公约的程序规则，有权受理一切案件。常设仲裁法院包括三个机构：（1）国际事务局：负责秘书联络、保管档案和处理行政事务。（2）常设行政理事会：由各缔约国驻荷兰的外交使节和荷兰外交部长组成，后者担任理事会主席。理事会指导和监督国际事务局，包括任命官员、规定薪金和监督财政开支、向缔约国提交年度报告，等等。（3）仲裁法院：由各缔约国挑选任命的"公认的深通国际法和道德名望极高"的个人组成，每国最多可以任命4名，任期6年，可以连任。仲裁庭不仅根据国际法原则，而且在没有当事国协议的情况下，根据其他法律原则和公平原则（如公允与善良原则）来裁决争端。仲裁庭评议秘密进行。裁决只对争端当事国有拘束力，一经公开宣读，争端即告解决，不得上诉，但当事国可以要求复核。转引自何笑冰、刘昕生，《海牙国际和平会议与国际法发展》。

（二）1907 年第二次海牙和平会议

在确定战争法规方面，由于经过1904 ~ 1905年的日俄战争，各国迫切希望补充和发展海战和陆战法规。而早在1866年的利萨(Lissa)海战①之后，红十字国际委员会就打算起草一部使海战适用于1864年公约基本原则的公约，旨在确保医院船获得保护但并不免于被拿捕。但该公约始终没有获得批准。第二次海牙和平会议对1899年的3项公约和1项宣言（第1宣言）进行了修订，通过了有关中立问题、海战法规等10项新公约，总计13项公约和1项宣言。

会议产生的13个公约中有些是海洋法的部分的法典编纂，大部分是规定陆战和海战中的战争法和中立法规则。这13个公约是:《和平解决国际争端公约》;《限制使用武力以索取契约债务公约》;《关于战争开始的公约》;《陆战法规和惯例公约》，附《陆战和惯例章程》;《陆战时中立国和人民权利和义务公约》;《开战时敌国商船地位公约》;《商船改充军舰公约》;《敷设自动触发水雷公约》;《战时海军轰击公约》;《日内瓦公约》诸原则适用于海战的公约》;《海战时限制行使捕获权公约》;《关于建立国际捕获法院公约》;《海战时中立国权利和义务的公约》。②

《海牙公约》是国际上第一次全面编纂战争法规的公约，具有深远和广泛的影响。该公约的订立是国际人道法原则发展史上的重要里程碑，开创了寻求和平法制的国际社会新秩序的先河。国际上许多学者

---

① 1866年7月20日，发生在达尔马提亚海岸线附近的利萨(Lissa)海战，是人道主义灾难的确凿例证。经过4个小时的交火，奥地利指挥官特盖托夫（Tegetoff）上将指挥的军舰击败了意大利舰队。意大利旗舰"意大利号"被撞翻击沉，由于无人敢去救助，成千上万海员被活活淹死。见〔瑞士〕让·皮克泰.国际人道法的发展和原则，王海平，译[M].西安:西安政治学院，2009：22-23.

② 在国际法文献中，第二次海牙国际和平会议通过的公约按此次序排列.

认为，海牙公约包括着公认的国际惯例，因而对一切国家有效。在国际实践中，欧洲和远东国际军事法庭就采取这种立场，并据此对破坏战争法规的罪犯定罪和惩处。另外，《海牙公约》建立了解决国际争端的机制，对促进国际争端的解决和国际组织的成立和发展都起了积极的作用。

（三）1925年在日内瓦签订的《禁止在战争中使用窒息性、毒性或其他气体和细菌作战方法的议定书》

1915年后，有毒武器被交战各方广泛使用。[①]毒气在战场上的使用越来越多并造成了可怕伤害，面对这种情况，红十字国际委员会公开呼吁禁止毒气的使用。为了遏制作战手段令人震惊的升级，红十字国际委员会援引了禁止使用有毒武器的1899年和1907年海牙公约《陆战法规和惯例公约》所附的章程，以及1899年公约缔约国发布的有关禁止使用专用于散布窒息性气体的投射物的宣言。1918年2月6日，红十字国际委员会发出了反对使用毒气的呼吁，旨在说服交战各方通过加入在红十字国际委员会帮助下达成的一项协议来放弃使用这些武器。

红十字国际委员会在决定积极反对有毒武器之后，着手开展一系列行动，它超出了援助受害者的范围而大胆进入了作战方法和技术的领域。该组织要处理的作战方法与技术问题很有争议，这也正是交战各国相互指责的话题。[②]

为了保护战争受难者，红十字国际委员会进行广泛宣传。1918年2月8日，该组织将其呼吁的正文发给交战国和中立国的君主和国家元首、各国红会、各宗教领袖以及媒体。"我们要大声疾呼反对一项野蛮创新，即窒息性气体和毒气的使用。……这些做法在战争中已经司空

---

① "一战"时期的红十字国际委员会：为禁止化学武器所开展的工作，2005年11月1日.

② David P. Forsythe，The Humanitarians，Cambridge University Press，2005：2.

见惯，这本身就是不可容忍的。我们坚持认为，任何企图将这一作战方法变得更残忍的人都要负起更重的责任，因为他们将战争引向与人道观念背道而驰的方向……我们看到，装有这些毒气的投射物在战斗员以及远离前线的非战斗员中间以残忍的形式散布死亡，在大范围内毁灭一切生灵。我们竭尽全力对这种我们只能描述为犯罪的作战方法提出抗议。而且，很可能如果对方被迫诉诸反攻或报复以迫使敌军放弃这种可恶的作战方法，我们可以预见一场恶斗，其残忍程度将超过有史以来最野蛮的暴行。"[①]

但是，红十字国际委员会采取的措施只取得了部分的成功，积极的影响在日后才逐步显现。事实上，"一战"期间红十字国际委员会正式宣布需要全面禁止这类武器，该组织还通过向学术界、军界和各国红十字会寻求支持，继续向这一目标努力。最终，在红十字国际委员会的努力下，《禁止在战争中使用窒息性、毒性或其他气体和细菌作战方法的议定书》于1925年6月17日在日内瓦获得通过。此外，这只是红十字国际委员会此后将要开展的一系列研究的第一阶段，这些研究均针对进行不分皂白攻击的武器，如核武器、生物武器和地雷，当今这些武器依然属于红十字国际委员会关注的主要问题。尽管围绕这一问题有各种争论，但该组织的呼吁促成了1925年的《日内瓦议定书》，该议定书目前依然有效。

（四）1929 年通过的《关于战俘待遇的《日内瓦公约》

战俘的概念是人类从野蛮走向文明过程中伴随战争的进行而逐渐发展起来的，给予战俘人道主义待遇是人类文明和进步的表现。关于战俘问题是在17世纪末欧洲30年战争后出现的，孟德斯鸠和卢梭从理

---

① "一战"：红十字国际委员会呼吁禁止使用毒气。1918年2月8日，红十字国际委员会对交战方发出的呼吁的全文.

论上论证了战争是国家和国家间的关系，从而进一步提出了战俘的保护问题。①17世纪到19世纪末有关战俘待遇规则的双边协定中，将战俘视为俘获者私人所有的观念发生变化，把战俘看作是受公权力的支配，是历史的一大进步。有关战俘的规定长时间以来都只出现在习惯法中，但某些双边条约和国内立法的某些条款中这种规章亦有所表现。被称为第一个确立了有关战俘待遇的战争法规则的国际法文件，是1648年签订的《明斯特条约》。②该条约规定，交战双方应在不索取赎金的条件下无例外、无保留地释放各自手中的俘虏。1785年《普鲁士和美利坚合众国友好通商条约》③是有关战俘规定的最早的双边条约。该条约第24条规定，对战俘应给予正当待遇，禁止将战俘囚禁在罪犯的监狱里，并禁止使用镣铐，而且坚持战俘必须监禁在合乎卫生的场所，在那里可以进行体操运动，而且可以像军队一样生活和饮食④。1792年法国国民议会颁布法令，该法令把战俘置于法兰西国家保护之下，并制止对战俘的虐待和残酷行为⑤。此后，"战俘的待遇应和本国军队相类似"

---

① 蒋荣耀.战俘待遇问题研究[J].资治文摘（管理版），2009(4)：36.

② 1568年，荷兰因反抗西班牙国王的中央集权和对新教加尔文派的迫害，爆发了北方省反抗西班牙的80年战争，1579年荷兰北方省中的七省（现在荷兰、比利时和卢森堡的区域）成立了乌得勒支联盟。西班牙最初成功地镇压叛乱。但荷兰的起义军屡败屡起。这时尚未独立的荷兰北部在经济，科学和文化的发展已有相当的成就。乌得勒支联盟虽然始终无法击败西班牙军队，但却成功削弱了西班牙的战力，使西班牙政府乏于应付内外夹击的战事。双方在1641年开始在德国境内的明斯特和奥斯纳布吕克展开谈判，边打边谈。1648年西班牙国王菲利普四世签订《明斯特条约》，承认七低地（尼德兰）／七省联合共和国（Republiek der Zeven Verenigde Nederlanden/Provinci & euml;n）获得独立，承认荷兰为主权国家。之后荷兰发展成为17世纪航海和贸易强国。明斯特和约被视为威斯特伐利亚和约的一部分，30年战争和80年战争结束的里程碑。源自百度百科网.

③ 普鲁士与美国在海牙签订的《友好通商条约》，第24条(1785年9月10日)，引自H.W. Verzijl, (ed.) International Law in Historical Perspective (Leyden, Sijthoff, 1973) at p. 371. 源自联合国法律事务部网.

④ 〔英〕劳特派特修订.奥本海国际法：下卷(第一分册)[M].北京：商务印书馆，1972：270.

⑤ [法]夏尔·卢梭.武装冲突法[M].中国对外翻译出版公司，1987：162.

的原则得到了普遍的承认。1899年和1907年《海牙陆战法规和惯例章程》首次规定了应给战俘以人道主义待遇。

第一次世界大战的经验表明海牙章程不能充分满足保护战俘的需要，为进一步完善公约规定，红十字国际委员会结合战争实践，拟定了关于1906年《日内瓦公约》的修订草案和新增加的公约草案，提交1929年7月1日在日内瓦举行的有47个国家代表参加的外交会议进行讨论修改，并最终于7月27日签署了两项公约，即《关于改善战地武装部队伤者病者境遇的《日内瓦公约》和《关于战俘待遇的《日内瓦公约》。第一项公约取代1906年《日内瓦公约》；第二项公约，则是在国际惯例和海牙公约有关规则的基础上，结合战争实践经验做重大修改和补充后，新签署的一项公约。

《关于战俘待遇的《日内瓦公约》是现今国际法上战俘待遇规则的体现，它不仅作为条约对缔约国有拘束力，而且已公认为具有普遍约束力的国际习惯法。该公约在既存的规则基础上，对伤病员的保护做出进一步规定。不仅如此，该公约还大大地扩展了海牙规则关于人道地对待战俘的内容，并将第一次世界大战过程中逐步形成的许多辅助性实践方法 [①] 制度化。

二、红十字国际委员会积极促进国际人道法的形成

在1864年至1949年国际人道法形成的过程，第一次世界大战对国际人道法的冲击最为明显。作战手段的日益残酷，因战争而受难的人员类别日趋复杂，给红十字国际委员会的工作带来巨大挑战。红十字

---

① 这里所指的"辅助性实践方法"主要就是监督拘留条件、对拘留者的探视工作等。红十字国际委员会对被拘留者的探视工作始于1870年（普法战争期间，红十字国际委员会工作人员探视战俘，为他们送去家人信件和救济物资），随后该工作得到了国际上有关国家的认可.

国际委员会对拘留者的探视、对平民的保护以及禁止化学战等问题一直给予极大关注，而这些相关条约的制定和发展在战时和战后都具有重要意义。

（一）红十字国际委员会在《日内瓦公约》形成中的作用

1. 推动战俘保护立法

保护战俘是红十字国际委员会工作的重要内容之一。红十字国际委员会虽以1907年《陆战法规和惯例公约》所发表的战俘报告及其附件《陆战法规和惯例章程》作为推动战俘保护立法的基础。但该公约及其章程的规定并不具体，也没有明确规定红十字国际委员会援助战俘的行动，不能为红十字国际委员会的相关活动提供有力的法律支持。另一份可依据的文件是1912年在华盛顿召开的红十字国际大会通过的一份决议，该决议具有理论性强、不易操作的问题，且很多条款存在不足，难以满足实践的需要。因此红十字国际委员会以及国际社会都有愿望，要对战俘保护的条约进行增补。

（1）扩展了海牙规则关于人道地对待战俘的内容

1907年的《陆战法规和惯例公约》用17条规则的篇幅界定战俘问题，规定：战俘是处于敌国政府而非俘获他们的士兵的权力之下；政府关押俘虏的目的是为防止他们重新拿起武器进行抵抗；政府还可以要求他们劳动，但其性质不能与作战有关；等等。红十字国际委员会认为，在肯定这些对待战俘条约内容的同时，还应有一些根本的进步，那就是：禁止报复被保护人，规定战俘的劳动、刑事处罚条件，以及建立一种保护国行使控制权的制度。[①]这些内容在1929年的《关于战俘待遇的公约》中都得到了体现，扩展了海牙规则中关于人道地对待战

---

① 由保护国行使控制权是指由中立国代表交战方的利益与敌方保护国进行交涉。见〔瑞士〕让·皮克泰.国际人道法的发展和原则[M].王海平，译.西安政治学院，2009：24.

俘的内容。

（2）首次对探视拘禁者活动做出规定

自1914年12月起，在红十字国际委员会的努力下，各交战国允许红十字国际委员会的代表们探视战俘营。[①] 这些探视使红十字国际委员会将保护战俘得到人道待遇的行动得到进一步加强，也为1929年《关于战俘待遇的《日内瓦公约》的正式通过提供了现实材料。红十字国际委员会遵循的探视程序首次在一部国际性条约中做出了规定，[②] 为红十字国际委员会监督拘留条件和探视拘禁者的活动提供了法律依据。

2. 推动平民保护立法

红十字国际委员会一直致力于对战争中的平民保护工作。

（1）起草保护平民的公约草案

1864年的第一部《日内瓦公约》，并没有提及战争中平民的地位及其保护问题。1899年海牙第二公约和1907年的《陆战法规和惯例公约》与附《陆战和惯例章程》确立了一系列保护被占领土上的人民利益免受敌方军事侵害的规则，例如规定禁止攻击或轰炸不设防的村庄、城镇等建筑物。虽然这两个公约提到了对平民居民的保护，但内容并不具体，未将平民居民遭军队攻击的规则予以明确表述。红十字国际委员会意图弥补国际人道法这方面的不足，起草了一份公约草案，主张平民问题应与战俘待遇一同考虑。该草案提议：对于在敌方境内的平民，应将拘押限制在那些被征召的平民和有理由怀疑的平民的范围内；应准许那些希望这样的人返回自己的国家；应禁止强制后送和群众性

---

① "一战"期间的红十字国际委员会：活动综述，2005年11月1日。源自红十字国际委员会官方网站.

② 探视被剥夺自由者：红十字国际委员会的经验，2007年11月4日。源自红十字国际委员会官方网站.

放逐；根据控制和安全的必要措施，本该给其他所有人以自由；应适用于平民关押者，使其待遇至少不差于战俘；在被占领区，迁移大批人口和处死人质等都应予以禁止，应确保平民有通信和获取救济的权利等。[1]该公约草案于1934年在日本首都东京举行的红十字国际大会上提出，因此后来被称作"东京草案"。[2]尽管当时各国政府对这一公约不感兴趣，但在红十字国际委员会的努力下，保护平民的思想得到越来越多的认同，为1949年通过的《日内瓦公约》中有关保护平民的立法奠定了一定的思想基础。

（2）使平民获得与战俘类似的合法地位

在第一次世界大战中，红十字国际委员会鉴于缺乏有效的平民救助措施，力图将战俘的保护原则及于对平民居民的保护。在1929年的外交会议上，大多数国家认为平民居民保护属于一国内政，未能就一项战时保护平民居民规则达成协议。值得欣慰的是会议通过的《关于战俘待遇的《日内瓦公约》第81条所做出的规定："追随武装部队而并不直接隶属于武装部队的个人，例如通讯员、新闻记者、随军小贩、供应商等落入敌方之手而认为应予拘留者，应享有战俘的待遇，但须持有所随武装部队军事当局的许可证为条件。"此条以法律的形式肯定了红十字国际委员会在"一战"中对平民的救助工作。

3. 为禁止化学武器做出努力

红十字国际委员会在保护战俘和平民的过程中，日益认识到限制作战手段的重要性，并开始努力将禁止窒息性、毒性或其他气体和细菌作战方法纳入日内瓦议定书的范畴。禁止使用化学武器的努力始于

---

[1] 〔瑞士〕让·皮克泰. 国际人道法的发展和原则 [M]. 王海平，译. 西安政治学院，2009：27-28.

[2] 红十字国际委员会国际法部主任菲利普·施珀里在庆祝《日内瓦公约》通过60周年的纪念仪式上的发言：1949年《日内瓦公约》：起源与当前意义. 源自红十字国际委员会官方网站.

100多年前的1899年海牙会议。这次会议制定了一个宣言，旨在要求缔约国不得使用有毒物质作为战争武器。然而，直到1925年，这一禁止才在法律上生效并得到更为广泛的适用。化学武器在第一次世界大战中被大量使用后，为了防止同等规模的灾难性冲突再次发生，红十字国际委员会作出了巨大的努力，制定了一系列可以形成一部限制武器使用公约的议定书，以期减轻战争对战斗员和非战斗员造成的灾难。最终促成了1925年禁止使用生物和化学武器的《日内瓦议定书》，该议定书明确规定："各缔约国如果尚未缔结禁止这种使用的条约，均接受这项禁令，各缔约国同意将这项禁令扩大到禁止使用细菌作战方法，并同意缔约国之间的关系按照本宣言的条款受到约束。"这部议定书很快得到了广泛遵守，而且，尽管现在已经生效了另外一些禁止拥有和使用生物化学武器的公约，这一议定书时至今日仍然有效。

（二）红十字国际委员会在海牙法形成中的作用

相比红十字国际委员会对日内瓦法发展的驱动力，它对于海牙法发展的贡献相对而言要少一些。红十字国际委员会没有参加1868年圣彼得堡大会，但派瑞士代表出席了1899年的第一次海牙和平会议。直到第一次世界大战结束以后，红十字国际委员会才主动发起倡议，呼吁各国落实或执行与战争行为相关的规则。1920年11月22日红十字国际委员会致信国际联盟第一次大会的主席和成员，希望通过旨在使战争更人性化的一系列规则，特别是对空战的限制，使其只能针对军事目标；绝对禁止令人窒息气体的使用；禁止轰炸开放或不设防的城市；禁止将平民驱逐出境。而在此之前，红十字国际委员会将这些议题提交给了1921年3月30日至4月7日在日内瓦举行的第十届国际红十字大会。该大会立即采纳了这些建议，并特别要求绝对禁止在战斗中使用毒气。

在1921～1922年关于限制武器的华盛顿大会①之后，红十字国际委员会继续努力，寻求禁止对化学武器使用的办法。1925年5月4日至6月17日，在日内瓦召开了战争武器、弹药和工具的国际贸易监督会议。会议通过了《关于禁用毒气或类似毒品及细菌方法作战的议定书》（又称"日内瓦议定书"），再次强调对有毒武器的禁止。虽然红十字国际委员会并没有直接参与协商的最后阶段，②但发出了相关的呼吁，积极与各国政府接触，并广泛发动公众意见，为议定书的采纳和通过发挥了重要作用。这一协议书对第二次世界大战中各国作战手段的限制以及平民的保护起到至关重要的作用。

第三节　推进国际人道法的发展（1949年以来）

第二次世界大战结束后，核时代开始，随之而来的是一个国际局势紧张的危险时期。红十字国际委员会与国际人道法面临新的难题。先进科学技术的发展和运用使得大规模杀伤和破坏的新式武器问世，

---

① 1920年12月，美国参议员威廉·E.博拉提出了召开各国限制海军军备的国际会议的建议。1921年5月和6月，美国参、众两院以压倒多数通过了博拉的上述议案，要求政府开始与英、日举行促进裁军的谈判。7月10日，美国国务卿休斯发表公开声明，向英、日、中、法、意五国建议在华盛顿召开会议。8月11日，美国正式向在远东有利害关系的8个国家英、日、中、法、意、比、荷、葡发出邀请，准备于当年11月在华盛顿召开会议，但把苏俄排除在会议之外。1921年11月12日，由上述9国出席的华盛顿会议开幕，美国国务卿休斯被选为大会主席。会议的正式议程有两项：一是限制海军军备问题；二是太平洋及远东问题。为此会议组成了两个委员会：由美、英、法、意、日五国组成的"缩减军备委员会"和由与会九国组成的"太平洋远东问题委员会"，分别进行讨论。会议历时近3个月，于1922年2月6日闭幕。会议期间共缔结条约8项（其中一项未生效，一项为会议期间由中日两国订立的），议决案13项。其主要内容是：关于废除英日同盟的四国条约；关于限制海军军备的五国条约和关于中国"门户开放"原则的九国公约与中日解决山东问题的条约。源自东北师范大学网站之华盛顿会议．

② Isabelle Voneche Cardia, Note for the record, Protocole de 1925(Apr26, 2001)(ICRC Archives, File No.141.2-1) Quote from: François Bugnion, The Role of the Red Cross in the Development of International Humanitarian Law, Chicago Journal of International Law, Summer 2004.

有些武器不仅限于军事目标也使平民遭受了不必要的痛苦；国内武装冲突的规模不断扩大且日趋暴烈，平民遭受到更大的伤亡和痛苦；监督机制存在缺陷，在国际武装冲突中极少发挥作用，国内武装冲突则根本没有监督机制；平民需要一种至少与武装部队的伤病员所享有的保护一样广泛的保护制度和给予伤病员的医疗护理制度；迫切需要使非参战的平民脱离敌对行为的影响。这些难题促使着红十字国际委员会在新的历史条件下，为推动国际人道法的发展和完善继续努力。

一、红十字国际委员会与 1949 年以来的国际人道法公约

"一战"中的经历以及红十字国际委员会的相关活动显著提升了红十字国际委员会在国际社会的声誉和权威，并扩展了其能力范围。1949年日内瓦四公约的签订则使红十字国际委员会在国际人道法的发展和完善方面的贡献达到了高峰。在以后的几十年里，红十字国际委员会不懈努力，对国际人道法的发展进行着新的研究、补充和拓展。

（一）红十字国际委员会与 1949 年 8 月 12 日通过的《日内瓦公约》

作为国际人道法的捍卫者，红十字国际委员会希望能够尽快修订和扩展日内瓦法。鉴于两次世界大战的教训，红十字国际委员会考虑了很多种方案，以保护战争受难者[①]。红十字国际委员会所面临的挑战是在总结以往经验的基础上，确保《日内瓦公约》的适用性。

红十字国际委员会向各国政府及国家红会宣布了希望修订现有《日内瓦公约》并通过新公约的想法。在1947年召开了政府专家会议上，红十字国际委员会就如何修订现有两部关于"伤者病者"和"战俘"的《日内瓦公约》以及最重要的是如何为关于战时平民待遇和保护的新公约做准备发表了意见。各国政府专家支持红十字国际委员会的建议，

① 其中之一是专门保护平民居民不受战争影响，尤其是空战影响.

包括在武装冲突的所有情况下均适用《日内瓦公约》的新主张。该次外交会议有来自64个国家的代表出席，几乎包括当时世界上的所有国家，是当时条件下准备最充分的一次会议，会议形成的成果就是四部《日内瓦公约》:《改善战地武装部队伤者病者境遇之《日内瓦公约》》《改善海上武装部队伤者病者及遇船难者境遇之《日内瓦公约》》《关于战俘待遇之《日内瓦公约》》《关于战时保护平民之《日内瓦公约》》。

（二）红十字国际委员会与限制作战手段与方法的公约

1899年和1907年的两次海牙会议签订了一系列条约，形成了比较完整的体系。"二战"以后，主要是20世纪70年代以来，国际社会又签署了生物武器公约、环境技术公约、特定常规武器公约和化学武器公约等，对武器冲突中的作战手段与方法进行了全方位的限制。这一发展过程的主要阶段有：1874年布鲁塞尔大会，采纳了关于战争法和战争惯例的宣言；[1]1899年到1970年海牙和平会议，通过了一系列有关陆战和海战行为的条约。[2]随后通过的一系列限制作战手段和方法的公

---

[1]　Actes de la Conférence révnie à Bruxelles, du 27 aout 1874, pour régler les lois et vountumes de la guerre, reproduced in De Martens, 4 Nouveau Recueil general de Traités, Second Series 1–228(1879). For Henry Dunant's role in the project to convene the Brussels Conference and the way that initiative was taken up by the cabinet in St Petersburg the reader may refer to Y. de Pourtalés and R.-H. Durand, Henry Dunant, Promoter of the 1874 Brussels Conference, Pioneer of Diplomatic Protection for Prisoners of War, 15 Intl Rev Red Cross 61(1975); Roger Durand, Les prisonniers de guerre aux temps héroïques de la Croix-Rouge, in De l'utopie à la réalité : Actes du Colloque Henry Dunant tenu à Genéve au palais de l'Athénée et à la chaapelle de l'Oratoire les 3, 4 et 5 mai 1985 at 225–97(cited in note 1). Quote from: François Bugnion, The Role of the Red Cross in the Development of International Humanitarian Law, Chicago Journal of International Law, Summer 2004.

[2]　The Proceedings of the Hague Peace Conferences: The Conference of 1899(Cxford 1920)(Division of International Law of the Carnegie Endowment for International Peace, trans); 1–3 The Proceedings of the Hague Peace Conferences: The Conference of 1907(Cxford 1920) (Division of International Law of the Carnegie Endowment for International Peace, trans)(three volumes). Quote from: François Bugnion, The Role of the Red Cross in the Development of International Humanitarian Law, Chicago Journal of International Law, Summer 2004.

约主要包括：1925年6月17日在日内瓦签订的《禁止在战争中使用窒息性、毒性或其他气体和细菌作战方法的议定书》，1954年5月14日在海牙签署的《关于发生武装冲突时保护文化财产的公约》，1972年4月10日签署的《禁止细菌（生物）及毒素武器的发展、生产及储存以及销毁这类武器的公约》（《禁止生物武器公约》），1980年10月10日通过的《禁止或限制使用某些可被认为具有过分伤害力或滥杀滥伤作用的常规武器公约》，1993年1月13日签订的《关于禁止发展、生产、储存和使用化学武器及销毁此种武器的公约》，1997年9月17日通过的《关于禁止使用、储存、生产和转让杀伤人员地雷及销毁此种武器的公约》（又称《渥太华禁雷公约》）。

（三）红十字国际委员会与1977年的《日内瓦公约》附加议定书

1949年的《日内瓦公约》虽然极大地改善了对冲突受难者的法律保护，但是，《日内瓦公约》在本质上适用于国际性武装冲突——国家间的战争。四部《日内瓦公约》中只有共同第3条适用于国内冲突；这一条款的通过本身是一大进步，但是此条款中包含的规则主要是一般性的。为应对不断变化的战争所提出的挑战，国际人道法也需要新的法律规则。

红十字国际委员会怀疑一个因"冷战"而存在深刻分歧的世界是否在修改国际人道法的问题上有可能达成一致。但同时，该组织也认为当人们需要有人做这个事情的时候，红十字国际委员会是责无旁贷的。同样在过去的100多年里，在人道法的编纂和发展上红十字国际委员会一直发挥着很重要的作用，红十字国际委员会也不愿意把这个角色交给其他机构。① 在起草附加议定书的过程中，红十字国际委员会发挥了

① François Bugnion，The Role of the Red Cross in the Development of International Humanitarian Law，Chicago Journal of International Law，Summer 2004.

与其在起草《日内瓦四公约》过程中相当的作用。但有一点区别：在1949年《日内瓦公约》协商过程中，红十字国际委员会是主要倡议者和发起者；而在起草《日内瓦公约》附加议书》的过程中，1968年在德黑兰召开的国际人权大会是该议定书的发起者。①

从国际人道法的诞生和发展过程可以充分说明红十字国际委员会和国际人道法是不可分割的整体，红十字国际委员会在国际人道法的创立和发展过程中的重要作用已普遍受到国际社会的高度重视和认可。

（四）红十字国际委员会与1994年的《圣雷莫国际海上武装冲突法手册》

《圣雷莫国际海上武装冲突法手册》（以下简称《圣雷莫手册》）是在红十字国际委员会的支持下，由国际人道法学院召集各国国际法和海军专家以个人身份在1988~1994年通过一系列圆桌会议起草而成的。虽然它不是国际海上武装冲突法公约，不具有法律约束力，但它的几乎每一条款都有现行有效的公约依据，而且许多都来自20世纪尤其是"二战"以来的国家实践。② 同时，它重述了当代适用于海上武装冲突的国际法，对各国海上军事行动有重要的指导作用，目前，在没有国际海上武装冲突法法典的情况下，许多国家的海军已经将它作为本国海上军事行动的指南。此次活动中，红十字国际委员会起到了与以往相同的作用，即推动、支持、并积极帮助该手册的起草与通过。

在红十字国际委员会的极力推动下，《圣雷莫手册》最明显的一点

---

① 1968年由联合国主办、在德黑兰召开的人权国际会议，因确立了人权和国际人道法的关系，标志着一个重要的转折点。由于通过了一项鼓励发展新规则的关于在武装冲突中保护人权的决议，会议确认人道法是人权法的延伸，并将其纳入联合国关注的事项之中。自此以后，国际法关于人权的规则，特别是《公民和政治权利国际公约》，将可以作为第二附加议定书关注的有关人类所受待遇基本保证的参考。见中国人民解放军法律战专业研究中心、武装冲突法研究所编译的《尊重国际人道法》，2006年版，第68页.

② 王全达.海上红十字地带研究.西安政治学院学报，2011(2)：85.

是它在关于战争法的第一部分增加了两项新内容：自卫法和适用于依据联合国安理会决议采取的行动的法律。同传统法相比，《圣雷莫手册》还引入了"军事目标"概念。基于近来的国家实践和第一附加议定书中的军事目标概念，圆桌会议将其引入海军行动，以限制对直接支援敌军军事行动的商船实施攻击的合法性，同时保留对其他船舶采取次于攻击的其他传统措施的可能性。这一举措的目的是考虑现代战争手段和真正的军事需要，同时又尊重第二次世界大战以来适用于陆战的国际人道法在保护平民个人及民用物体方面所取得的成就。《圣雷莫手册》的另一项成就是增加了适用于交战方可能设立的并将不可避免地影响其他国家使用某些海域的"区域"规则（通常称为"禁区"）。与会代表认为，就防止滥设禁止区和防止在此种区域内进行违反国际人道法的行动设制某种标准和限制是明智的。此外，《圣雷莫手册》参照过去几十年建立的适用于特定海区的新的平时海洋法律制度，明确了在特定海区可以进行何种军事活动。

由于该手册确认了当今依然有效的国际海上武装冲突法规则，并在当代实践、科学技术发展及国际法新成就的基础上发展了这些规则，所以具有指导各国海军军事行动的意义。红十字国际委员会在1995年于日内瓦召开的第26届国际红十字大会上，敦促各国按国际法原则编纂适用于海上武装冲突的法律条款，并鼓励它们"在任何可能的时候，应考虑圣雷莫手册的条款"。[①] 目前，许多国家已按照该手册精神修改或制定自己的海军行动手册。

（五）红十字国际委员会与1997年的《渥太华公约》

至20世纪90年代初，杀伤人员地雷的广泛使用已经造成了严重的

---

① Adam Rober & Richard Guelff, Documents on the Laws of War, 3rd ed. Oxord, 2000, p.573.

医疗、人道和社会危机。杀伤人员地雷本质上不能区分平民和士兵，而区分原则是国际人道法的基本要求。杀伤人员地雷在冲突结束很长时间后仍在继续爆炸，大多是不分皂白地造成平民的死亡和残疾。

红十字国际委员会直接目睹了杀伤人员地雷在世界范围内给平民造成的广泛且可怕的痛苦，也一直在处理着数量越来越多的地雷受害者，并高度警惕地雷对平民造成的伤害。[①]在红十字国际委员会看来，地雷构成了对人类幸福安宁的重要威胁。[②]从20世纪90年代初起，红十字国际委员会开始重点解决地雷问题，并以"必须阻止地雷"为口号发起了其首次反对地雷的公开倡议运动。[③]

红十字国际委员会的禁雷倡议得到了各国红十字会和红新月会的声援，并得到国际禁雷运动组织的支持。以红十字国际委员会为首，包括国际禁雷运动组织等多个非政府组织采取迂回战略，首先集中力量游说一些关键的地雷非生产国和非使用国。在这些组织的成功游说下，加拿大和挪威两国在关于禁止使用、储存、生产和转让杀伤人员地雷及销毁此种武器的公约的产生过程和1997年在奥斯陆举行的公约

---

① 据国际红十字会估测，世界上约60个国家中每个月会产生2000名地雷受害者；在过去的50年中，地雷造成的死伤已超过核武器和化学武器所造成的伤亡的总和。对于地雷造成的伤者，每一例治疗修复手术的花费平均约1000美元，而且每两三年就要重复治疗一次。一枚杀伤性地雷的成本仅3~20美元，而扫除一枚地雷的平均成本约300~1000美元。扫雷本身也是一种非常辛苦和危险的工作。见 International Committee of the Red Cross(ICRC), Anti-Personnel Landmines: Friend or Foe? A Study of the Military Use and Effectiveness of Anti-Personnel Mines(Geneva: ICRC, 1996: 9.

② 王杰, 张海滨, 张志洲主编. 全球治理中的国际非政府组织 [M]. 北京：北京大学出版社, 2006：242.

③ 拉扎里·艾哈迈德，《武装冲突法——现状、展望与训练》之"武器：地雷、国际人道法与《渥太华公约》"，红十字国际委员会东亚地区代表处与中国人民解放军总政治部办公厅联合印刷，2006：112.

谈判过程中均发挥了主导作用。[①]1996年，为维持这一国际运动的强劲势头，红十字国际委员会和其他组织继续推动，使加拿大代表团宣布他们将在该年晚些时候主办一个由支持禁雷运动国家参加的会议，制订出战略规划，推动国际社会在全球范围内禁止杀伤人员地雷。

1996年第一次渥太华会议拉开了后来为人所知的"渥太华谈判历程"的帷幕，推动了制定"禁止杀伤人员地雷公约"的谈判过程。1997年12月，有121个国家的政府代表排队签署《关于禁止使用、存储、生产和转让杀伤人员地雷及销毁此种地雷的公约》。[②]到1998年4月底的时候，共有124个国家签署了该公约，其中，有11个国家批准该公约。这一公约在40个国家正式加入的6个月后生效。《渥太华公约》的通过，标志着各缔约国首次同意完全禁止杀伤人员的地雷。《渥太华公约》要求每个缔约国：①在4年之内销毁其储存的杀伤人员地雷。②在10年之内清理其管辖或控制范围内的所有雷区，与此同时，采取各种措施（包括通过地雷危险性教育项目）以确保有效的防止平民进入雷区。③通过提供护理和康复治疗（包括在社会和经济方面重新融入社会）来援助地雷受害者。为了确保对公约的遵守，公约还要求每个缔约国：①起诉并惩处参与公约所禁止活动的人。②向联合国秘书处提交年度报告，通告缔约国为实施公约所采取的措施。③与其他缔约国合作，为遵守公约提供便利，包括按要求为实况调查任务团收集有关遵守公约问题的信息提供便利。

1997年通过的《渥太华公约》是全面禁止发展、生产、储存、转

---

① 徐莹.政治机会结构视角下国际非政府组织与发达国家间关系探析 [J].云南师范大学学报（哲学社会科学版），2008(4)：81.

② 见1997年9月18日《关于禁止使用、储存、生产和转让杀伤人员地雷及销毁此种地雷的公约》，第563–578页。由红十字国际委员会再版，NO.320，1997.9–10.

运和使用已被广泛使用之武器的首部国际协议。该《公约》在要求缔约国为受害者提供救治和援助方面也是前所未有的。就红十字国际委员会而言，有关禁雷的斗争，为如何在后冷战时期成功推动代表战争受害者利益的倡议提供了一个范例。数十个国家的红十字会组织和红新月运动团体，包括很多新加入斗争行列的组织，因代表现在和将来的地雷伤亡者提倡禁雷而感到力量倍增。[①]这一行动的进行也并未损害保持中立这一基本原则。[②]

红十字国际委员会在此类法律方面的努力仍在持续。为了监督缔约国在《渥太华公约》下的行动，一个新的国际协议于2003年11月28日经《特定常规武器公约》缔约方会议通过，2006年11月12日生效。[③]该议定书要求武装冲突各方采取切实措施以减小未爆炸和被弃置武器造成的危害。

（六）红十字国际委员会与2008年的《集束弹药公约》

近几十年，集束弹药[④]引发的人道问题一直受到红十字国际委员会的高度关注。

---

① 斯图尔特·马斯伦，彼得·赫比.在国际范围内禁止杀伤人员地雷"渥太华条约"的历史和谈判过程[J].红十字国际评论，1998(325)：693–713.

② 该原则禁止此类组织的成员，支持冲突的某方或帮助特定的政治团体或组织。这一原则的目的在于保障所有的战争受害者都获得保护和援助——因而这是一个为实现目的而采用的方法，而不是目的本身.

③ 根据规定，该议定书在得到20个缔约国批准后6个月生效。2006年5月12日，列支敦士登和瑞士向联合国交存了批准该议定书的文书。至此，议定书的批准国数目已达到生效要求。这些国家包括：阿尔巴尼亚、保加利亚、克罗地亚、丹麦、萨尔瓦多、芬兰、德国、梵蒂冈、印度、列支敦士登、立陶宛、卢森堡、荷兰、尼加拉瓜、挪威、塞拉利昂、斯洛伐克、瑞典、瑞士、乌克兰.

④ 集束弹药是指散射或释放每颗重量在20公斤以下的，根据设计可在撞击之时或之后引爆的爆炸性子弹药（小的、非制导的爆炸物或小炸弹）的弹药。根据不同的模式，集束弹药散射或释放的子弹药的数量少则几十，多则可超过600个。见《集束弹药公约》第二条第二款.

在武装冲突中，集束弹药无法对军事目标和民用目标加以明确区分。除了少数新型弹药外，大部分集束弹药所释放出的子弹药没有制导系统，子弹药只能随惯性和重力降落到指定区域实施打击。如在人口密集区针对军事目标使用集束弹药通常会造成大量平民伤亡。此外，集束弹药会产生大量的战争遗留爆炸物，这也是集束弹药目前给人类所带来人道主义灾难的最大根源。[①]

1974年由红十字国际委员会发起在瑞士卢塞恩举行的常规武器会议，最早提出了应采取法律措施对集束弹药所产生的人道主义灾难加以约束。[②]但在此后30多年里，相关讨论迟迟未能取得明显进展。从2000年起，以红十字国际委员会为代表的国际组织向联合国提出在《特定常规武器公约》中附加新的议定书限制集束弹药，经过两年多的谈判，最终在2003年达成的《特定常规武器公约》第五号议定书《战争遗留爆炸物议定书》中规定了通过战后清除、国际援助等措施，解决包括集束弹药等战争遗留爆炸物引发的人道主义问题，但并未对集束弹药的生产、使用等做出实质性限制。

2006年的黎以冲突因以色列使用大量集束弹药造成平民尤其是儿

[①] 由于技术条件的限制（有时则是出于刻意的技术设计），很多子弹药降落时碰到柔软的地面或水面不会爆炸，或碰撞地面后没有成功引爆。这类"哑弹"的比例一般高达约30%（有的甚至达到70%），往往以金属碎片或玩具部件形状散落在田间地头和公路中间，大部分会存留到武装冲突结束后，对平民（尤其是儿童）的生命和财产安全都构成巨大的安全隐患，并严重影响了战后重建工作的开展.

[②] Bonnie Docherty, The Time is Now: A Historical Argument for a Cluster Munitions Convention, Harvard Human Rights Journal, Vol.20, 2007, pp.70–71. 转引自黄志雄，范琳. 国际法人本化趋势下的2008年《集束弹药公约》[J]. 法学评论，2010(1): 68.

童伤亡的事件①又一次引起国际社会的关注，由此引发红十字国际委员会发起禁止或限制使用集束弹药的倡议。红十字国际委员会和挪威、加拿大、奥地利、爱尔兰等国家以及人权观察、集束弹药联盟等一些非政府组织，认为《特定常规武器公约》框架下所取得的结果并不令人满意，后续集束弹药的谈判进展缓慢，决定脱离此框架，于2007年2月在挪威奥斯陆进行首次国际会议，发起"奥斯陆进程"，要求全面禁止或限制使用集束弹药。在红十字国际委员会的倡议下，"奥斯陆进程"核心国家先后举行多次国际会议，于2008年5月在爱尔兰都柏林举行的会议上就《集束弹药公约》文本达成一致意见。2008年12月，包括英、法、德在内的108个国家在挪威奥斯陆签署了《集束弹药公约》，并规定该条约于2010年8月1日生效。

该公约规定：缔约国在任何情况下，决不使用、发展、生产、获取、储存、保留或转让集束弹药。协助、鼓励或诱使任何人从事本公约禁止缔约国从事的任何活动也是被禁止的。②此外，还要求拥有或受集束弹药影响的缔约国在特定领域采取行动：销毁库存、③清除遗留集束弹药④并援助受害者⑤。

《集束弹药公约》的制定，标志着国际社会全面禁止集束弹药的努力取得了里程碑式的效果。

---

① 据红十字国际委员会公布的数据，以色列在持续34天的冲突中向黎巴嫩南部投掷了约400万颗子弹药，遗留未爆炸的子弹药可能多达100万颗；截至2008年6月，黎冲突地区共1026个区域（总面积超过4060万平方米）发现了未爆炸弹药，由于集束弹药死亡或受伤的平民超过250人.

② 《集束弹药公约》第一条.

③ 《集束弹药公约》第三条.

④ 《集束弹药公约》第四条.

⑤ 《集束弹药公约》第五条.

二、红十字国际委员会不断推进国际人道法的发展

（一）《日内瓦公约》方面

1. 红十字国际委员会在通过 1949 年《日内瓦公约》中的作用

红十字国际委员会的作用表现为三个方面：

一是争取建立强制性刑事约束制度。鉴于第二次世界大战给人类带来的痛苦，以及以往国际人道法在执行方面存在的问题，红十字国际委员会积极推动在日内瓦四公约中加入特别的监督条款（日内瓦四公约共同第三条），引入了新的实施办法，即对"严重违背公约行为"的强制性刑事约束制度，但该条的提出引发了巨大的争议，成为在整个会议中讨论最激烈也是耗时最长的议题。在 1949 年后的武装冲突中，日内瓦四公约并未得到充分认可，常常有争议。意见纷争的国家和政府对公约的承认妨碍了公约的适用。在频繁的非国际性或国内武装冲突中，共同第 3 条并没有证明是绝对成功的。迄今，尚无对公约的刑事执行的案例。[①]

二是推动了《日内瓦第四公约》的最终通过。尽管红十字国际委员会推动日内瓦四公约共同第三条的通过遇到了重重困难，但此次会议仍然取得了丰硕的成果，那就是通过了《日内瓦第四公约》中为平民提供的与其他战争受难者类似的保护，第四公约最终填补了第二次世界大战及之前所有其他战争所暴露的最严重的空白之一。第四公约对平民居民保护规则的全面发展表现在四个方面。一是对敌方领土或占领区内平民居民的保护。公约第 14-26 条确立了实际战斗中对敌方领土或占领区内平民居民的保护。第 47-78 条规定了对占领区内平民居民

---

① 汪火良.论国际人道法在非国际性武装冲突中的适用 [J]. 湖北师范学院学报（哲学社会科学版），2005(1)：107.

的保护。强调禁止谋杀、酷刑、体罚、伤残肢体，禁止扣留人质，禁止集体惩罚和报复，禁止对被保护人个别或集体强制移送，同时还建立了对因犯罪或因安全措施而拘禁者的待遇规则。二是对本国领土内敌国侨民的保护。公约规定，在武装冲突开始时或进行时，居住在本国领土内的敌国侨民一般应允予离境。未被获准离境的敌国侨民，有权对拘留国所指定的主管法庭或行政审议机关提出申诉。被保护者之人身、荣誉、家庭权利、宗教信仰与仪式、风俗习惯等应予尊重。三是制定了非国际性武装冲突的条款，即公约共同第3条。该条被称之为"微型公约"，向国内冲突各方做出了"最低限度应遵守"的规定。该条款未限制国家镇压内乱的基本权利，也未限制国家的审判与处罚权。它所涉及的不是法律问题而是人道方面的问题，旨在保证未参与敌对行动或已脱离战斗的每一个人都能享受国内法给予刑事重犯的最低待遇标准。①

三是为红十字国际委员会有效实施国际人道法争取保障性措施。为保证红十字国际委员会在战争中更好地实施人道救助，红十字国际委员会还努力在公约中确保自身行为的合法性和地位。如在《关于战时保护平民的《日内瓦公约》第10条中就规定："本公约之规定并不妨碍红十字国际委员会或其他公正的人道主义组织，在有关冲突各方之同意之条件下，从事保护与救济平民之人道主义活动。"此外，红十字国际委员会还借助公约，确认红十字国际委员会的一些权利，如探视战俘和被拘禁者等，并确认了该组织基于人道原因有权提议采取额外措施以确保冲突受害者获得保护和援助，即"倡议权"。

2. 对《日内瓦条约》拓展与完善——三个附加议定书

1949年《日内瓦公约》的通过尽管是一大历史进步，但在此后的

---

① 红十字国际委员会.国际人道法与红十字国际委员会（讲义）[M]// 王可菊.国际人道主义法及其实施.北京：社会科学文献出版社，2004：60.

实施中同样面临着各种问题。1965年，红十字国际委员会认为，填补《日内瓦公约》所存在的法律空白问题应当提上议程，方法不是要修订1949年的四公约，而是用议定书去补充它们。因为修订公约有可能使各国从1949年已取得的进步中倒退回去。为此，1971年至1972年，红十字国际委员会两次召开各国专家会议。1974年，该委员会将两个附加议定书提交给在日内瓦召开的外交会议审议。1977年6月8日，两个附加议定书被一致通过。

第一议定书，即《1949年8月12日《日内瓦公约》关于保护国际性武装冲突受难者的附加议定书》，适用于包括民族解放战争在内的国际性武装冲突，确保平民居民不受敌对行动的影响，冲突各方须向平民居民提供必要的救济。此外，民间医务人员、医务运输与医院享有了公约已经给予军队医务人员和设施的同等保护。民防组织亦受到保护。同时以前未载入公约的几类战斗员（例如非正规军的战斗员），只要他们符合某些规定（例如公开携带武器），被敌方俘获后享有战俘待遇。其他一些条文则改进了监督实施人道主义法的手段。

第二议定书，即《1949年8月12日《日内瓦公约》关于保护非国际性武装冲突受难者的附加议定书》，补充了《日内瓦公约》的共同第三条，并更详细地规定了第一议定书未包括的诸种情况，即某种规则的内部武装冲突。在该议定书中，对所有不参加或已停止参加战事的人员的基本保证，平民居民必须受到保护的总原则，关于伤者、病者和遇船难者以及关于医疗设施和人员的规定等均具有重大意义。

第三议定书，即《1949年8月12日日内瓦四公约关于采用新增标志性徽章的附加议定书》，采纳了一个新增标志红水晶。该标志与红十字和红新月标志具有相同的国际地位。

此外，在红十字国际委员会的推动下，1954年保护文化财产公约得到签署，其目的在于发生武装冲突时，如果一些文化物体诸如学校、寺庙、博物馆等只要不做军事用途，就应尽量不予以攻击。这使人道主义保护规则在一个新领域得以拓展。

（二）海牙公约方面

经过1949年的外交会议，修订后的《日内瓦公约》已较为适应当时现实社会的要求，而海牙法在1907年会议后没有得到任何的发展，已经滞后于日内瓦法的发展了。因此1949年《日内瓦公约》通过后，红十字国际委员会便努力促进关于战争行为规则的发展，并在限制作战手段和方法方面做出了重要贡献。

红十字国际委员会把关注点首先投向原子弹。红十字国际委员会指出，在受原子弹影响的范围内，保护是不可能实现的。这种武器的使用，产生了一种全新的理念，已不再可能尊重人道法的主要原则，同时指出："原子弹所导致的痛苦已经完全超出了战争的必要性，许多受害者因烧伤于数周之后痛苦的死去……"。因此要求1949年《日内瓦公约》签署国的各国政府，"理所应当地采取一些措施为公约的补充和修改建言献策。……采取一切步骤在原子武器的禁止上，以及更广泛的，在禁止所有非制导导弹的使用上达到一致。"①

红十字国际委员会在做出上述表态后还进一步做出行动，于1954年召开专家会议，研究针对空中作战之威胁和大规模杀伤性武器之使

---

① International Committee of the Red Cross To the High Contracting Parties Signatory to the Geneva Conventions for the Protection of the Victims of War: Atomic Weapons and Non-directed Missiles, 3 Revue internationale de la Croix-Rouge English Supplement 70 (1950). It should be noted that the ICRC had already raised the issue of a possible prohibition of nuclear weapons in an appeal launched on 5 September 1945, less than one month after Hiroshima. La fin des hostilities et les taches futures de la Croix-Rouge, 27 Revue internationale de la Croix-Rouge 657 (1945). Quote from: François Bugnion, The Role of the Red Cross in the Development of International Humanitarian Law, Chicago Journal of International Law, Summer 2004.

用保护平民居民和其他武装冲突受害者这方面的法律问题，[①] 来审议以保护平民和其他战争受难者免受空战和大规模杀伤性武器使用所导致的威胁的相关法律问题。并且，在资深专家的帮助下，红十字国际委员会还起草了一份限制战时平民居民所承受之危险的规则草案。[②]

这个公约草案目的在于重申平民居民不受攻击的法律原则，界定军事目标这一唯一能被攻击的对象，规定计划攻击时应当采取的预防措施，禁止区域轰炸和一些武器的使用。有些武器会产生的有害后果，尤其是燃烧的、化学的、细菌的、辐射的或其他制剂的散发可能会超出其使用者的控制从而危及平民居民。第14条第1款规定：

"不影响现在或将来对某些特定武器的禁止，禁止使用以下这些武器，即这些武器会产生有害后果——尤其是产生于燃烧的、化学的、细菌的、辐射的或其他制剂的散发的有害后果——可能会蔓延至无法预见的程度，或者无论在空间上或时间上超出其使用者的控制，从而危及平民居民。"[③]

该规则草案被提交给了于1957年10月和11月在新德里召开的第19届红十字国际大会。争论的焦点在禁止原子武器的使用上。该草案同

---

① Revue internationale de la Croix-Rouge, English Supplement, Vol. VII, No. 4, April 1954, pp. 108–110. 转引自弗朗索瓦·比尼翁（François Bugnion）. 张腆心译，《红十字国际委员会和核武器：从广岛到21世纪初》，《红十字国际评论》，2005年9月30日第859期，第511–524页.

② Draft Rules for the Limitation of the Dangers Incurred by the Civilian Population in Time of War, second edition, ICRC, Geneva, April 1958 (first edition: September 1956). 转引自弗朗索瓦·比尼翁（François Bugnion），张腆心译，《红十字国际委员会和核武器：从广岛到21世纪初》，《红十字国际评论》，2005年9月30日第859期，第511–524页.

③ Ibid., pp. 12 and 99–111; Dietrich Schindler and Jir í Toman, eds, The Laws of Armed conflicts: A Collection of Conventions, Resolutions and Other Documents, fourth edition, Martinus Nijhoff Publishers, Leiden & Boston, 2004, p. 342. 转引自弗朗索瓦·比尼翁（François Bugnion），张腆心译，《红十字国际委员会和核武器：从广岛到21世纪初》，《红十字国际评论》，2005年9月30日第859期，第511–524页.

时受到苏联代表团和西方国家的抨击，^①同时，美国和英国认为红十字国际委员会卷入了超出合适委托权限和能力的事务，而核力量的使用和限制构成了一个史无前例的尴尬的复杂新问题^②，最终，该大会指定红十字国际委员会将草案传送给各国政府进行考虑。此草案就此搁浅。面对这一难题，红十字国际委员转而在最基础的原则层面上着手研究平民居民的保护问题。1969年，红十字国际委员会多次组织磋商，最终使《日内瓦公约》的附加议定书得以通过，使战争行为的大多法律条款符合了战争规则。

红十字国际委员会还参与起草了《禁止或限制使用某些可被认为具有过分伤害力或滥杀滥伤作用的常规武器公约》（又称《特定常规武器公约》），并在通过该公约议定书的过程中参与通过了该公约的议定书，并参与了1997年9月18日通过的《关于禁止使用、储存、生产和转让杀伤人员地雷及销毁此种武器的公约》（《渥太华公约》）的缔结会议。^③

2008年《集束弹药公约》的通过，打破了多年来国际社会迟迟不能就集束弹药的法律规制达成一致意见的现状，这是红十字国际委员会在国际人道法禁止或限制武器进程中的又一个重要贡献。红十字国际委员会相信，就人道影响而言，《集束弹药公约》已经全面且有效地解决了与集束弹药有关的问题。^④然而，红十字国际委员会仍一直支持

① 苏联代表团要求直接对任何核和热核武器使用的禁止，而西方国家认为如果没有全面的武器削减和有效的控制措施，任何针对特定武器使用的限制都是不切合实际的。见 François Bugnion, The Role of the Red Cross in the Development of International Humanitarian Law, Chicago Journal of International Law, Summer 2004.

② 〔英〕杰弗里·贝斯特.战争与法律——自1945年以来 [M].西安政治学院武装冲突法研究所，译.西安政治学院，2011：262.

③ François Bugnion, The Role of the Red Cross in the Development of International Humanitarian Law, Chicago Journal of International Law, Summer 2004.

④ 红十字国际委员会就"集束弹药议定书草案"及《常规武器公约》审议大会的其他议题发表评论，源自红十字国际委员官方网站.

《常规武器公约》的工作，认为那些尚未做好准备加入《集束弹药公约》的国家能够就一些规则达成一致共识，而这些规则将能够紧急应对集束弹药问题，与《集束弹药公约》相辅相成。但同时，在2011年11月14日至25日召开的第四届《常规武器公约》审议大会上，红十字国际委员会也提出了自己的担心，认为《常规武器公约》之集束弹药议定书草案如果以现有的条款获得通过，"将会不幸成为国际人道法倒退的先例"。[①] 因为该草案将允许在该议定书生效之后12年的时间里继续使用1980年之后生产的所有集束弹药，包括那些没有安全装置的集束弹药。因而，即使议定书在2到3年内生效，所有1980年后生产的集束弹药也将能够使用到2026年。如果生效日期被延迟，那么这些武器的使用期限就会更长。另外，议定书草案有可能导致各方长期投资来开发和生产仅具有单一安全装置的集束弹药，虽然各方对此类武器的可靠性和精准性仍有深深的担忧。有此倾向的各国在未来数十年中不大可能会通过进一步的限制或禁止规定。红十字国际委员会特别担心议定书草案将会成为"各国首次通过的一部为平民提供的保护比现已生效条约所提供的保护更少的人道法条约"。[②]

红十字国际委员会关注的另一个问题是对平民免受燃烧武器伤害的保护规定（包括有关燃烧武器的第三议定书中的条款）。基于过去曾发生在人口密集地区使用此类武器的情况，红十字国际委员会认为在《常规武器公约》的政府专家组会议或其他场合就这一问题开展工作，审议此类武器的军事、技术、法律和人道影响，这是非常有意义的一件事情。

---

① 红十字国际委员会就"集束弹药议定书草案"及《常规武器公约》审议大会的其他议题发表评论，源自红十字国际委员会官方网站。

② 红十字国际委员会就"集束弹药议定书草案"及《常规武器公约》审议大会的其他议题发表评论，源自红十字国际委员会官方网站。

第三章　红十字国际委员会对国际人道法的诠释与编纂①

国际人道法的制定和发展与红十字国际委员会有着密切的关系。作为国际人道法基石的《日内瓦公约》，就是在红十字国际委员会的倡导和推动下形成的。事实上，红十字国际委员会对国际人道法的贡献并不仅限于在立法上的倡导和推动，对于国际人道法诠释与完善、对习惯国际人道法的梳理与编纂、对国际人道法基本原则的研究等，也都发挥着不可替代的作用。

第一节　红十字国际委员会对国际人道法条约的诠释

武装冲突性质的演进，作战手段的日新月异，要求人们要根据形势和技术手段的发展，不断研究新情况，解决新问题，不断推动国际

---

① 《战争中的法律保护》一书中使用了解释的概念，解释包括对国际人道法条约的评注，对习惯国际人道法的编纂，以及对相关概念的研究等。见《战争中的法律保护——关于国际人道法当代实践的案例、文件与教学资料》，红十字国际委员会东亚地区代表处，2006年，第384页。此处按中文习惯使用"诠释"与"编纂"的概念，"诠释"意为说明、解释，"编纂"意为编辑（多指资料较多、篇幅较大的著作）。见《现代汉语词典》，商务印书馆，2003年版．

人道法向前迈进。因此红十字国际委员会从成立的那一天起，就致力于国际人道法条约的研究与诠释，为推进国际人道法的传播和实施奠定基础。

一、红十字国际委员会对国际人道法诠释的法律依据

红十字国际委员会对国际人道法诠释的法律依据，可从以下两点理解：

第一，各缔约国通过《日内瓦公约》及其《附加议定书》，赋予红十字国际委员会担当国际人道法捍卫者并推广国际人道法的职责。该职责包括：鼓励各方批准相关条约、监督国际人道法的遵守情况、传播国际人道法并促进其发展。对国际人道法条约的诠释即是"传播国际人道法并促其发展"的延伸，是红十字国际委员会依据公约所承担的法定任务。尤其是在《第一附加议定书》中，公约赋予了红十字国际委员会修订该议定书附件一的权利。[①]

第二，国际红十字与红新月运动章程赋予红十字国际委员会传播国际人道主义知识、促进国际人道主义法发展的任务。这些章程由红十字与红新月国际会议通过，参加这些会议的有来自各国红十字会和红新月会、国际联合会的代表以及所有《日内瓦公约》缔约国的代表。在1990年的联合国大会决议《鉴于1949年8月12日〈《日内瓦公约》〉

---

① 《第一附加议定书》第98条规定："一、不迟于本议定书生效后四年，并在其后每次至少间隔四年，红十字国际委员会应就本议定书附件一与缔约各方进行磋商，并得在其认为必要时，建议召开审查附件一的技术专家会议，并对附件一提出其认为适宜的修正案。除在向缔约各方发出召开这项会议的建议六个月内有缔约各方三分之一表示反对外，红十字国际委员会应召开会议，并邀请适当国际组织派遣观察员参加。红十字国际委员会在缔约各方三分之一请求下也应随时召开这项会议。二、如果在技术专家会议后红十字国际委员会或缔约各方三分之一请求召开会议，保存者应召开缔约各方和各公约缔约各方会议，以审议技术专家会议提出的修正案。"

赋予红十字国际委员会的特别作用和任务，给予该委员会观察员地位》一文中，解释性备忘录第三条写道："《日内瓦公约》的缔约国参加红十字和红新月国际会议，通过《国际红十字和红新月运动章程》，其中规定红十字必须传播国际人道主义的知识，加深对国际人道主义法的理解，并促进国际人道主义法的发展。"①因此，红十字国际委员会大部分行动的开展都建立在这一广泛的主动行动权基础之上，对国际人道法规则的解释和相关问题的研究也正是以此为法律依据。

二、红十字国际委员会对国际人道法诠释的主要内容

红十字国际委员会对国际人道法条约的诠释活动不仅证明了红十字国际委员会在人道主义事务中所占有的独特地位，也更稳固了这一组织作为国际人道法的守护者形象。这里只列举了红十字国际委员会对国际人道法基本原则的研究成果以及几部红十字国际委员会发行的对国际人道法条约诠释的出版物。

（一）对国际人道法基本原则的诠释

国际人道法的基本原则是体现在国际人道法条约之中，为国际人道法本身所固有，据以达到最佳平衡武装冲突的"军事必要"和"人道要求"，达到最大限度实现减轻战争灾难目的的指针②。最早确认存在国际人道法基本原则的是马尔顿条款，③该条款确认的这种基本原则对

①　资料来源：联合国 Doc. A/45/191 的附件，1990 年 8 月 16 日，21 国常驻联合国代表致联合国秘书长请求把红十字国际委员会的观察员地位问题列入联合国大会议程的函件。源自红十字国际委员会官方网站 .

②　俞正山 . 国际人道法研究 [M]. 北京：解放军出版社，2010：56.

③　马尔顿条款是由俄罗斯著名国际法学家马尔顿在 1899 年第一次海牙和平会议期间首先提出而得名的。该条款的主要内容是：在国际公约或其他协定所未包括的情况下，平民和战斗员仍受来源于既定习惯、人道原则和公众良知要求的国际法原则的保护和支配 .

于国际人道法具有根本性的意义，因此引起了学者的关注，并对国际
人道法的基本原则做了大量研究。红十字国际委员会也一直致力于国
际人道法原则的研究和探索，对国际人道法基本原则的诠释具有较高
的权威性和系统性，并且深刻影响着国际人道法的发展。

　　1. 七原则说

　　最初，红十字国际委员会将国际人道法的基本原则归纳为七条，
这是鉴于传播和实施国际人道法的需要。四部《日内瓦公约》和两部
附加议定书是国际人道法的主要文件，共六百多项条款。这些文件不
但条文繁多，内容规则详细，而且还比较复杂。为广泛传播国际人道
法的精髓和在武装冲突中准确、迅速地落实国际人道法，红十字国际
委员会于1975年决定制定并公布国际人道法的基本原则，并组建了一
个法律专家小组进行起草工作。1978年《红十字国际评论》（9–10号），
以"适用于武装冲突的国际人道法的基本准则"为题，发表了专家小
组的工作成果。1979年，红十字国际委员会又为它出了单行本。[1] 红十
字国际委员会的专家小组通过研究，把国际人道法基本原则简单明了
地浓缩在七个要点上 [2]：①失去战斗能力的人，已退出战斗的人及未直
接参与战斗的人，其生命及身心健全，均有权受到尊重。在任何情况
下，他们都应受到不加任何不利区别的保护与人道对待。②禁止杀害
或伤害投降或已退出战斗的敌人。③冲突各方对集合在其控制下的伤
者和病者，加以照顾。保护对象还应涵盖医务人员、医疗设施、医务
运输及医疗设备。红十字或红新月标志，即为此种保护的符号，必须
予以尊重。④在敌对一方控制下的被俘战斗员和平民，其生命、尊严、

---

① 俞正山. 国际人道法研究 [M]. 北京：解放军出版社，2010：49.
② 国际人道法的基本原则被概括为这七个要点，正是让·德普勒在《1949年《日内瓦公约》及
　其1977年附加议定书的基本规则》中总结出来的七项基本规则.

个人权利与信念，均应受到尊重。他们应受到保护，免受各种暴力与报复行为的伤害。他们应有权与家人通信，以及接受救援。⑤每个人都有权享受基本的司法保障。任何人都不应为他所没有做的事情负责，也不应遭受肉体上或精神上的酷刑、体罚，或残酷或侮辱性的待遇。⑥冲突各方及其武装部队成员选择战争的方法与手段均受到限制。使用具有造成不必要损失或过度伤害性质的武器或战争方法，均受禁止。⑦冲突各方在任何时候均应将平民居民与战斗员加以区分，以避免平民居民及平民财产受到伤害。不论是平民居民还是平民个人，都不应成为攻击的目标。攻击应只针对军事目标。概括了国际人道法的精华。同时，红十字国际委员会也郑重声明："这些概括在文件里的要点，并不具有国际法律文件的权威，也无意取代已生效的协定。它们唯一的目的，是为进一步传播国际人道法提供便利条件。"①

上述七个基本规则里所包含的"区别原则"（即区分战斗员和非战斗员）和"限制作战手段和方法原则"，是国际法院所认为的国际人道法中的最基本的原则。在战斗中，消灭敌人，摧毁对方军事目标，都是合法的；但如果被攻击的属于非军事目标，如平民百姓、平民居住区、教堂、红十字救护站和设备等，则破坏了区分原则，是不法行为。因此，归结为一点，即在战争或武装冲突中，不能对不参加战斗或退出战斗的人员施加攻击。

"中立原则"也是国际人道法的一个重要原则，根据这一原则，受保护人员必须严守中立。公约规定受保护权力只给予那些"不直接参与或不再参与敌对行为的人员"。那么，任何团体或个人，只要继续从事"有害于"敌方的行为，自然就不享有这项权利。另外，按照第一公

---

① 朱文奇. 国际人道法概论 [M]. 香港：健宏出版社，1997：87.

约（第21条）和第二公约（第34条）规定，医务人员以及医院和医疗单位等，都是公约所保护的对象。他们之所以受到保护，是因为他们从事有关人道职责方面的工作。而一旦他们越出其人道职责范围，如从事有害于敌方的行为，就得受到警告，并在警告无效的情况下，可按照公约的规定，停止其在国际人道法规则下享受的保护。概括地讲，人道法里的"受保护人员"，必须在武装冲突的任何时候严守中立，即不参加实际的敌对行为。如果放弃中立，这些本该受公约保护的人员将不再受到公约的保护。

1983年，红十字国际委员会又以"摘要：武装冲突中国际人道法的基本规则"为题，把它刊印于普及国际人道法的出版物《1949年《日内瓦公约》及其1977年附加议定书的基本规则》的首页，广泛传播。七原则说，在红十字和红新月运动中具有广泛的影响。

2. 六原则说

红十字国际委员会法律专家小组归纳的这七项原则，从红十字会的出版物以及专家的用语可以看出，这应当是国际人道法的基本准则，而不是原则。[①] 可能正是基于这种认识，红十字国际委员会提供给世界各地区武装部队或安全部队进行国际人道法教学的教官的讲义中，又把国际人道法的基本原则归结为另外六项：①区分原则：区分作战人员和平民或平民百姓。作战人员可以攻击，除非他们不再从事作战行动。平民应受到保护，免受攻击。②比例原则：当对军事目标发起攻击时，一定要尽最大努力来减少对平民和民用物体的偶发性或附带损伤。在

① 俞正山教授在所著《国际人道法研究》一书中也就此问题进行了注释："准则与原则两者的区别……红十字国际委员会及其专家组似乎都了然于胸，这在发表这七项准则所使用的名称上，就有所反映：刚发表时用的称呼是 Fundamental Rules，刊印于《1949年《日内瓦公约》及其1977年附加议定书的基本规则》首页时，改称为 Basic rules，都未曾使用 Fundamental Principles 的称谓。"

军事行动中造成的附带损伤，不能超过为取得预期的直接和具体的军事优势所造成的破坏。③军事必要原则：为了使敌人屈服而采取的作战行动也是正当的。而那些在军事上显然不必要的行动，则是禁止的。④限制原则：在任何武装冲突中，交战各方选择作战方式和手段的权利并非不受限制。⑤诚信原则：军事成员在理解武装冲突法方面应该表现出诚信。在与对手进行谈判和与人道组织进行交涉时，都应遵守诚信原则。⑥人道待遇和不歧视原则：对所有人员均应给予人道待遇，而不能因其性别、国籍、种族、宗教或政治信仰不同而受到歧视。①

3. 五原则说②

红十字国际委员会2006年出版的《战争中的法律保护》一书中，将国际人道法定义为"国际法的一个分支"，在武装冲突中，"它通过下列方式来限制武力的使用：①不伤害那些没有或不再直接参加敌对行动的人；②将武力的使用限定在实现冲突目标的必要限度之内，这一冲突目标仅限于削弱敌方的军事潜力，而不论其为何而战"。

由此该出版物得出国际人道法的基本原则为五条：①区分平民和战斗员；②禁止攻击失去战斗力的人员；③禁止造成不必要痛苦；④必要性原则；⑤比例性原则。

该原则是依据国际人道法在武装冲突中的限制作用推出的，除区分原则、必要性原则和比例性原则外，禁止攻击失去战斗力的人员可以被人道原则包含，禁止造成不必要的痛苦可以理解为限制原则。

红十字国际委员会2008年出版的《国际人道法问答》一书明确将

---

① 红十字国际委员会.武装冲突法基本知识[M].12–14;转引自俞正山.国际人道法研究[M].北京：解放军出版社，2010：50.

② Marco Sassoli, Antoine A. Bouvier, *How Does Law Protect in War*, International Committee of the Red Cross, Geneva, 2006：81.

国际人道法的规则①和原则做了区分。书中也将国际人道法的基本原则
概括为：人道原则、区分原则、军事必要原则、防止不必要痛苦的原则
以及比例原则。②这与《战争中的法律保护》中确定的五原则十分类似。

红十字国际委员会对国际人道法原则的解释经历了不同的时期，
有不同的研究成果。这些成果有相通之处，也存在差异，这与国际人
道法本身的不断发展和完善有关，与研究主体的思路有关，也与红十
字国际委员会研究的不断深入有关。

"这些由红十字国际委员会拟定的规则（这里指基本原则——笔者
注），概括了国际人道法的精髓。这些规则并不具有法律文件的权威，
也绝无企图取代现行条约。起草它们的目的是为了促进国际人道法的
传播。"③尽管红十字国际委员会对国际人道法基本原则的研究在法律意义
上不可能与《日内瓦公约》及附加议定书具有同等效力，但对现行国际人

---

① 该书中将国际人道法的规则描述为："一、冲突各方在任何时候均将平民居民与战斗员加
  以区分，从而避免平民居民和平民财产受到损害。无论是将平民居民作为整体还是平民个人
  均不应受到攻击。攻击只应针对军事目标。没有或不再参与战斗的人，其生命及身心健全均
  有权受到尊重。在任何情况下，此类人均应受到保护和人道对待，且不能加以任何不利区
  别。禁止杀害或伤害已投降或不再参与战斗的敌人。二、无论是冲突各方还是其武装部队成
  员都没有无限选择作战方法与手段的权利。禁止使用可能会造成不必要损失或过度伤害的武
  器或作战方法。三、冲突各方须对其控制下的伤者和病者予以收集和照顾。禁止危害医务人
  员、医疗处、医务运输和医疗设备。白底红十字或红新月是特殊标志，它表示此类人员与物
  体必须受到尊重。四、在敌方控制下的被俘战斗员和平民，其生命、尊严、个人权利以及他
  们的政治、宗教和其他信仰均应受到尊重。必须保护他们免受一切暴力与报复行为的伤害。
  他们有权与家人通信并获得援助。他们须享有基本的司法保证。"此表述与让·德普勒在
  《1949年《日内瓦公约》及其1977年附加议定书的基本规则》中总结出来的七项基本规则相
  类似.

② 原文为：当卢梭和马顿斯确立了人道原则之时，《圣彼得堡宣言》的起草者则通过明示与暗
  示的方式，系统地阐释了区分原则、军事必要原则以及防止不必要痛苦的原则。……更为重
  要的比例性原则努力在两种分歧的利益之间寻求平衡。当权利或禁止都非绝对之时，一种利
  益是出于军事需要的考虑，而另一种则出于人道的要求。《国际人道法问答》，红十字国际委
  员会东亚地区代表处，2008：7.

③ 国际人道法问答.红十字国际委员会东亚地区代表处，2008：6.

道法最基本原则的研究与概括，对学习理解国际人道法具有极为重要的参考价值，同时也为推动国际人道法的传播发展产生了积极的作用。

（二）对国际人道法主要条约的诠释

红十字国际委员会在其77本出版物中，有很多是对于国际人道法内容的解释和关于条约的适用问题。对国际人道法重要条约的诠释是红十字国际委员会传播国际人道法的一个重要方式。这里仅就重要且引起国际社会关注的成果进行介绍和分析。

1.《国际人道法中直接参加敌对行动定义的解释性指南》

国际人道法在《日内瓦公约》的两个《附加议定书》中规定了一条基本规则，以应对越来越多的平民参加敌对行动这一趋势。根据该规则，平民"除直接参加敌对行动并在直接参加敌对行动时外"，应享有免受直接攻击的保护，但《日内瓦公约》及其附加议定书都没有规定什么行为构成直接参加敌对行动。

为了补救这一空白，更好地保护平民居民不成为错误或任意攻击的目标，红十字国际委员会发起了一些非正式的研究和咨询，旨在澄清三个关键问题：一、出于开展敌对行动的目的，谁可被视为平民？二、什么行为构成直接参加敌对行动？三、什么规则适用于平民失去免受直接攻击的保护？为此，红十字国际委员会起草了"国际人道法中直接参加敌对行动概念的解释性指南"，旨在澄清国际人道法中直接参加敌对行动的涵义和后果。虽然这并不必然反映参与专家的一致意见或大多数人的观点，然而，对于在当代武装冲突中如何解释国际人道法中直接参加敌对行动的概念，该"解释性指南"提供了红十字国际委员会的官方建议。根据这一指南，国际人道法的核心原则是区分战斗员和平民，前者的职责是在武装冲突中开展敌对行动，后者则被推定为没有直接参加敌对行动并因此有权享受免遭攻击的全面保护。

只有当他们直接参加敌对行动并在直接参加敌对行动时，才会失去这种保护。

2.《新武器、作战手段和方法法律审查指南——1977年〈第一附加议定书〉第36条实施措施》（以下简称《指南》）

2003年12月，第28届红十字与红新月国际大会通过了《人道行动议程》，要求《第一议定书》缔约国按照《第一议定书》有关新武器的规定，建立严格的审查程序，全面评估新武器对军事、法律、环境和人的健康等方面的影响，断定新武器是否符合国际人道法的要求，从而决定是否进行研制或者加以改进。为此，红十字国际委员会还订立了《新武器、作战手段和方法法律审查指南》，作为《第一议定书》有关新武器规定的实施措施，以协助各国建立或者改进新武器合法性审查程序。

该《指南》是红十字国际委员会于2001年1月主持召开的专家会议以及在第28届红十字与红新月国际大会上为1949年《日内瓦公约》缔约国所通过的《人道行动议程》所准备的文件，旨在协助各国建立或改进有关程序。《人道行动议程》要求各国对所有新武器、作战手段和方法进行严格与全面的审查，从而确保其合法性。[1]

《指南》分为两部分：第一部分涉及第36条审查之实体方面的问题，如关于其适用的实质范围。《第一附加议定书》第36条要求每一缔约国判定，使用其研究、发展、取得或采用的任何新武器、作战手段和方法，是否在某些或所有情况下，为国际法所禁止。所有国家都关心新武器合法性之评估，而无论其是否为《第一附加议定书》缔约国。评估新武器的合法性有助于确保各国武装部队能够根据该国承担的国际

---

[1]《新武器、作战手段和方法法律审查指南——1977年〈第一附加议定书〉第36条实施措施》，红十字国际委员会，日内瓦，2006年1月，第1页实施概要.

义务展开军事行动。在新技术迅猛发展的今天，对意欲使用的新武器实施法律审查尤为重要。《第一附加议定书》第36条没有详细规定如何对武器、作战方法和手段的合法性进行审查。根据对第36条约文的解释和国家实践，该《指南》强调，在建立法律审查机制的过程中，既应考虑实体问题亦应考虑程序问题。

第二部分则涉及操作方面的考虑，如形式和程序方面的问题。在考虑操作方面的问题之前先讨论适用的实质范围是因为，确定后者需要首先了解前者。比如，在了解需进行何种审查之前很难确定实施审查所需的专业技术。考虑到评估作战手段不能脱离其预期的使用方法，因此，法律审查应适用于最广泛意义上的武器及其使用方法。审查的法律框架是包括国际人道法在内的可适用于国家的国际法。尤其是，它包括了对特定武器的条约性和习惯性的禁止与限制规定，以及可适用于所有武器、作战手段和方法的国际人道法的一般规则。这些一般规则包括：旨在保护平民免受武器不分皂白打击的后果以及保护战斗员免受不必要痛苦的规则。根据有关规则对武器进行评估需要审查所有与该武器相关的实验资料，如该武器的技术说明书和实际性能及其对健康和环境的影响。这也是各领域专家参与审查程序的原因。在建立审查机制过程中值得考虑的重要程序性问题包括：确定负责审查的机构、参与审查程序的人员、在武器获得进程的哪些阶段应该进行审查，以及有关决策与记录的程序。《指南》强调，无论审查机制采取何种形式，重要的是应确保其能够对新武器实施公正和全面的法律审查，并确保各国能够就其审查程序交换信息。

3.《1949年《日内瓦公约》及其1977年附加议定书的基本规则》

《日内瓦公约》及其附加议定书的文本是非常复杂的，人们不能完全理解这些条约的含义。为此，1988年，红十字国际委员会出版了

《1949年《日内瓦公约》及其1977年附加议定书的基本规则》，对公约及其附加议定书的主要规定进行了简单的评注，揭示了其含义并详细说明了相关条款。这对于简化工作以及向日益增加的读者介绍并解释国际人道法条约方面来讲是一个贡献。

例如，该书在保护伤者、病者和遇船难者方面对第一公约、第二公约及第一附加议定书的第二部分进行了解释，解释的内容包括：两个公约与议定书的适用范围；受保护者的定义、所有伤者、病者和遇船难者，应受到尊重和保护；搜寻伤者、死者和失踪者的普遍原则①、记录与传送资料时，冲突各方必须对一切可以获得的资料进行登记、平民居民和救援组织的角色以及医务单位、医务运输、医务人员、医疗职责、标志与信号等问题。另外，该书还总结的下列七项基本规则是《日内瓦公约》及其《附加议定书》的基础：②

①失去战斗能力的人，已退出战斗的人及未直接参与战斗的人，其生命及身心健全，均有权受到尊重。在任何情况下，他们都应受到不加任何不利区别的保护与人道对待。②禁止杀害或伤害投降或已退出战斗的敌人。③冲突各方对集合在其控制下的伤者和病者，加以照顾。保护对象还应涵盖医务人员、医疗设施、医务运输及医疗设备。红十字或红新月标志，即为此种保护的符号，必须予以尊重。④在敌对一方控制下的被俘战斗员和平民，其生命、尊严、个人权利与信念，均应受到尊重。他们应受到保护，免受各种暴力与报复行为的伤害。他们应有权与家人通信，以及接受救援。⑤每个人都有权享受基本的

---

①　规制本项的首要和最优先的普遍原则，就是家人有权知道其亲人的命运。见 Basic rules of the Geneva Conventions and their Additional Protocols，International Committee of the Red Cross，ICRC publication 1988 ref. 0365.

②　Basic rules of the Geneva Conventions and Their Additional Protocols，International Committee of the Red Cross，ICRC publication 1988 ref. 0365.

司法保障。任何人都不应为他所没有做的事情负责，也不应遭受肉体上或精神上的酷刑、体罚，或残酷或侮辱性的待遇。⑥冲突各方及其武装部队成员选择战争的方法与手段均受到限制。使用具有造成不必要损失或过度伤害性质的武器或战争方法，均受禁止。⑦冲突各方在任何时候均应将平民居民与战斗员加以区分，以避免平民居民及平民财产受到伤害。不论是平民居民还是平民个人，都不应成为攻击的目标。攻击应只针对军事目标。

4.《对〈1949年8月12日《日内瓦公约》关于采纳一个新增特殊标志的附加议定书〉（〈第三议定书〉）的评论》①

该评论为红十字国际委员会法律部的法律顾问让·弗朗索瓦·凯吉内（Jean-François Quéguiner）所著，由红十字国际委员会于2007年出版。

该评论简要回顾了新增红水晶标志的历史和原因，同时对《第三附加议定书》的名称、序文以及各条款做出了评论。它清晰地指出了各公约名称措辞的意义及其特定的法律后果，附加议定书与实体规则的联系性，特别是对"新增"一词的解释清楚表明：《第三议定书》规定的特殊标志并非意在取代1949年《日内瓦公约》所承认的标志，而是意在为缔约国，以及其他成员，还可能包括其他被授权行为者，提供在文本规定的条件下使用一个新增标志的可能。该评论又逐条解释了条款的内容，分析细致，依据充分。在评论最后还讨论了"承认一

---

① 该书在注释中有这样一句话："本评论仅反映作者的观点，并不必然是红十字国际委员会的观点。"但同时又列举了几位参与人员，他们或者为红十字国际委员会的官员，或者为国际人道法的专家。"（红十字国际委员会的）安娜·里尼克（Anna Ryniker）参与了本文的撰写。作者想要感谢所有同意对本文的历次草稿进行评阅的人，尤其是弗朗索瓦·比尼翁（François Bugnion）、让·克里斯托夫·桑多（Jean-Christophe Sandoz）、斯特凡·汉金斯（Stéphane Hankins）以及（红十字国际委员会的）巴蒂斯特·罗勒（Baptiste Rolle）。另对（国际联合会的）克里斯托弗·兰姆（Christopher Lamb）的有益评论致以特别感谢。"因此，考证之下，仍把该评论归于红十字国际委员会在解释国际人道法条约方面的贡献之内容．

个没有任何宗教、政治或其他含义的新增特殊标志"的可能性。作者认为，"在保存历史上的标志的同时，这一解决方式为在特定实践情况下不能（或不能继续）使用其传统标志的运动成员提供了另一种选择。它也将运动的大门向那些一直以来就反对使用红十字或红新月的救济团体敞开，因为以后它们就可以使用红水晶了。同时，对这一新增标志的承认也满足了所有团体想要新标志的要求。"①

无疑，对于开始国际人道救援活动来说，标志是一个重要的问题。正如红十字国际委员会主席亚历山大·艾（Alexandre Hay）在马尼拉国际大会上的所说的那样："我们每个人所佩戴的这个标志不是任何国家、民族或者宗教的特权，而是一个尊重伤者及无力抵抗的受害者的标志，是一个不幸中的人们团结一致的象征。"②因此，无论该评论是否只代表作者的观点，此篇评论对于国际人道法的发展都是一个促进。

三、红十字国际委员会对国际人道法诠释的意义

红十字国际委员会对国际人道法诠释的法律效力，尽管还存在一定争议，但总体而言，它的诠释对于整个国际人道法的执行、研究和传播，是积极、正面的。

一是有助于推动国际人道法的执行。国际局势的变幻和武装冲突性质的演进需要人们不断研究和发展国际人道法，以应对新形势下的人道需求。红十字国际委员会对国际人道法的研究和对条约的诠释就是这种努力的具体表现。然而，在众多与国际性武装冲突有关的法律问题中，确定哪些问题值得研究并不容易。因此红十字国际委员会挑

---

① 让·弗朗索瓦·凯吉内（Jean-François Quéguiner），《对〈1949年8月12日《日内瓦公约》关于采纳一个新增特殊标志的附加议定书〉（〈第三议定书〉）的评论》，《红十字国际评论》单行本，红十字国际委员会，2007年版，第33页．

② Report of the 24th International Conference of the Red Cross, Manila, 7 - 14 November 1981: 50.

选了一些在实践中重要或存在模糊的规约进行研究和解释，以推动国际人道法的发展，使对平民保护、对武器和作战手段的制约变得更加清晰和易于执行。

二是有助于推动国际人道法的研究。红十字国际委员会对国际人道法基本原则的诠释，虽然与学界的一些见解不同，但仍是国际人道法研究成果的一部分，具有较高的权威性，影响广泛。例如，红十字国际委员会认为国际人道法中直接参加敌对行动的概念，与敌对行为有关的问题以及占领的概念都值得研究。[①] 尽管红十字国际委员会不认为在国际性武装冲突中存在一种介于战斗员和平民的灰色人员，但是，什么构成"直接"参与敌对行动以及参与的时间因素应当怎样界定（"此时他们直接参加了敌对行动"），诸如此类的问题仍需讨论。在红十字国际委员会看来，考虑到上述直接参加的影响以及有可适用的能够支持区分原则的定义所具有的重要性，直接参加的概念是一个值得进一步思考和研究的法律问题，也是致力于澄清该概念的那些提议所努力的事项。这与国际性和非国际性武装冲突中平民参加敌对行动问题的出现同样重要。[②]

三是有助于推动国际人道法的传播。国际人道法有许多的规则和原则由于专业的要求，并不为一般的人们所理解。因此，为了推广国际人道法的一些原则和精神，国际人道法从利于传播的目的出发，对一些生涩的概念予以口语化，对分散的法律条文予以概括和归纳，大大提高了普通民众对国际人道法的接受度，大大促进了国际人道法的传播和推广。例如，对于国际人道法原则的概括，红十字国际委员会

---

① 战争中的法律保护——关于国际人道法当代实践的案例、文件与教学资料. 红十字国际委员会东亚地区代表处，2006：807.

② 战争中的法律保护——关于国际人道法当代实践的案例、文件与教学资料. 红十字国际委员会东亚地区代表处，2006：808.

先是在1978年公布了由它的专家组归纳的七项国际人道法的基本准则，后来它把这七项国际人道法的基本准则提供给世界各地区武装部队或安全部队作为他们进行国际人道法教学的教官讲义，又把国际人道法的基本原则归结为另外六项。最后，红十字国际委员会在2006年出版的《战争中的法律保护》一书中，又将国际人道法的基本原则总结为五项。红十字国际委员会对国际人道法基本原则的不断研究说明该组织对国际人道法研究的努力是持续和执着的。至于该研究与其他机构或学者的研究成果存在差异，则是与国际人道法自身的发展和完善有关，与研究工作的不断深入有关，也与对于"国际人道法的原则"与"国际人道法的规则"各自的内涵及其相互区别的理解和把握有关，同时还与概括或推导国际人道法基本原则的思路、依据和方法有关。①

第二节 红十字国际委员会对国际人道法习惯的编纂

国际人道法既包括国家间缔结的条约，也包括国际人道法习惯，前者是最主要的国际法渊源，后者则源于各国因确信法律上有义务这样做而遵循的普遍规律。条约是指国家间、国家与国际组织间或国际组织相互间所缔结"而以国际法为准之国际书面协定"，不论用什么名称（如条约、协定、公约、议定书）。②国际习惯是各国重复类似的行为而具有法律拘束力的结果。③习惯可以转化为条约，条约法也可以确认、发展习惯法。一方面，国际习惯是国际法的最古老、最原始的渊

---

① 司利芳.武装冲突法、国际人道法学术研究的有关问题 [J].西安政治学院，2010(4): 121.

② 参见1969年《维也纳条约法公约》、1986年《关于国家和国际组织间或国际组织相互间条约法的维也纳公约》，转引自邵津主编.国际法 [M].北京：北京大学出版社，高等教育出版社，2000: 13.

③ 王铁崖主编.国际法 [M].北京：法律出版社，1995: 10.

源，在国际条约出现之前，历史上就有了国际习惯。国际条约的大部分规则都从国际习惯中来。另一方面，一个国际条约规定，可能由于很多第三国认为它是应当或必须依循的规则，而在一个相当长时期内反复实行，因而成为国际习惯。因此，这两类规则在法律上是平等的，同时也是互补的，习惯法可以因为被制定在条约中而转化为条约法，条约法也可以确认、发展习惯法，条约法和习惯法的效力可以适用"后法优于前法""特殊法优于一般法"的规则。习惯国际人道法是一系列被视为法律的不成文规则，源于一般性或普遍的实践。它是获得国际社会认可的武装冲突中的基本行为准则。习惯国际人道法与条约法是否适用无关，它全球适用，以被视为法律的广泛且基本统一的国家实践为基础。红十字国际委员会经过努力在国际人道法编纂方面取得了重要的成绩，出版的报告《习惯国际人道法》获得了广泛关注。

一、编纂《习惯国际人道法》的背景及研究过程

（一）《习惯国际人道法》的编纂背景

战争法产生于战场上武装部队之间的对抗。19世纪中叶之前的战争法规则在性质上仍属于习惯法。它们之所以能够得到承认，是因为这些规则自远古时期就已存在，而且符合文明社会的要求。虽然目前由日内瓦法和海牙法组成的国际人道法以及近年来通过的大量公约已使国际人道法的内容越来越充实，但国际人道法的条约和实施仍存在缺陷。[①]

虽然有关武装冲突的条约已有不少，但习惯国际人道法仍很重要，因为其蕴含了大量限制作战手段和减少武装冲突中的人员伤亡的规则。

---

① 也有观点认为，违反国际人道法并不是因为国际人道法的规则不够充分，而是因为缺乏遵守它们的意愿、缺乏执行它们的手段、在某些情况下其规则的适用不够确定，以及政治领袖、指挥官、战斗员和一般公众对它的忽视。见让－马里·亨克茨、路易丝·多斯瓦尔德—贝克，《习惯国际人道法》，法律出版社，2007年版，导论.

它补充了条约法为冲突受难者提供的保护，并填补了因条约未被批准或者条约法有关非国际性武装冲突的规则不够详细而造成的某些空白。例如，尽管1949年的四个《日内瓦公约》已经得到了几乎所有国家的批准，但《第一附加议定书》却还没有得到普遍遵守。同时，仅当武装冲突发生在一国领土之内时，《第二附加议定书》方可适用，并且仍有一些国家尚未批准。① 在这些非国际性武装冲突中，四个《日内瓦公约》共同第3条是仅有的一条可以适用的人道法的条约条款，但"它也只提供了一个关于最低标准的初步框架"。②

因此，武装冲突受难者，特别是受到非国际性武装冲突影响的人，并不总是受到条约法的充分保护。所以有必要确定哪些规则属于习惯法且因此适用于冲突各方，而无论其是否具有条约义务。③

值得注意的是，当今的武装冲突大部分是非国际性的，以条约为

---

① 截至2009年12月，有164个国家批准了该附加议定书。2009年12月8日红十字国际委员会国际法部主任菲利普·施珀里在庆祝《日内瓦公约》通过60周年的纪念仪式上的发言。源自红十字国际委员会官方网站.

② 让－马里·亨克茨,路易丝·多斯瓦尔德—贝克. 习惯国际人道法 [M]. 北京：法律出版社，2007：导论.

③ 正如红十字国际委员会主席雅各布·克伦贝格尔博士在《习惯国际人道法》的序言中强调习惯国际人道法时所说："这部分法律规范之所以极为重要，其主要原因有三。首先，尽管如今各国普遍加入了《日内瓦公约》，但其他一些重要条约（包括两个附加议定书在内）还尚未达到此程度。这些条约不仅仅能够在那些已经批准了条约的国家之间或国家内部得到适用。相反，习惯国际人道法规则——它们有时被称为一般'国际法'——对所有国家以及所有相关冲突各方都具有约束力，而无须正式加入。其次，适用于非国际性武装冲突的国际人道法尚无法满足因此类冲突而引起的保护需要。正如通过这些公约的外交会议所承认的那样，《日内瓦公约》共同第3条及其《第二附加议定书》只规定了一套最基本的规则。国家实践已经超出了这些国家在外交会议上所接受的规则，因为绝大多数国家都同意，有关敌对行为的习惯法规则的基本要素可以适用于所有武装冲突，无论它们是国际性的还是非国际性的。最后，习惯国际法有助于对条约法进行解释。根据一条公认的原则，条约的解释须以善意的方式进行，并应合理考虑所有相关国际法的规则。"见让－马里·亨克茨,路易丝·多斯瓦尔德—贝克. 习惯国际人道法 [M]. 北京：法律出版社，2007：序言.

基础的国际人道法没有对其做出足够详细的规定。与国际性武装冲突相比，非国际性武装冲突所适用的条约规则要少得多。例如，有关非国际性武装冲突的《第二附加议定书》只包含15个实质条款，而有关国际性武装冲突的《第一附加议定书》则包含80多个条款。

鉴于此种情况，确定习惯国际法是否比条约法对非国际性武装冲突做出了更加详细的规定就变得尤为重要。红十字国际委员会的研究结论是，有关敌对行动、落入冲突一方之手者的待遇以及作战手段和方法的基本规则完全适用于非国际性武装冲突。

为此，1993年在日内瓦召开的"保护战争受难者国际大会"特别讨论了解决违反国际人道法行为的方式和手段，强调国家负有尊重和遵守国际人道法的义务，与会者一致通过了一份《最后宣言》，重申"有必要使国际人道法的实施更为有效"，并呼吁瑞士政府"召开不限成员的政府间专家会议，探讨促进充分遵守和奉行国际人道法的实施方法，并编写报告，提交给各国以及下届红十字与红新月国际大会"。[①]

依照这一提议，1995年1月，"保护战争受难者政府间专家组"在日内瓦召开会议，会议针对如何增强对国际人道法的遵守与尊重意识提出了一系列建议。其中，"鼓励在代表不同地区和各法律体系的国际人道法专家的协助下，和在同来自政府与国际组织的专家的协商下，由红十字国际委员会准备一份可适用于国际性与非国际性武装冲突的习惯国际人道法规则的报告，并将这一报告分发给各国和其他国际实体"。[②]1995年12月，第26届红十字与红新月国际大会采纳了这份建议，

---

① International Conference for the Protection of War Victims, Geneva, 30 August–1 September 1993, Final Declaration, International Review of the Red Cross, No.296, 1993, p.381. 转引自让－马里·亨克茨，路易丝·多斯瓦尔德—贝克. 习惯国际人道法 [M]. 北京：法律出版社，2007：导论.

② 《国际人道法：从法律到行动，响应战争受难者国际大会的报告》，《红十字国际评论》，1996年，第310号，第58页.

并正式委托红十字国际委员会编写一份关于可适用于国际性与非国际性武装冲突的国际人道法习惯规则的报告，进一步明确了国际人道法领域的习惯规则[①]。

（二）《习惯国际人道法》的编纂程序[②]

程序是立法的重要环节，特别是在习惯国际人道法的编纂过程中，因其面临的实际情况复杂、各方分歧较大，包括何为习惯，某种通例在多大范围内以及何种实践基础上才能被认定为国际习惯等，因此编纂程序是否科学合理，对于编纂成果能否获得公认，具有关键作用。为确保习惯国际人道法编纂工作顺利展开，红十字国际委员会指派其法律部的两名成员负责此项研究，设立了由12位著名国际法专家组成的指导委员会。指导委员会于1996年6月通过了一项《行动计划》，确定研究方法和范围。随后，研究工作于当年10月启动。根据《行动计划》，研究的开展利用了能够反映国家实践的各国国内资料和国际资料。编纂程序主要如下：

1. 对国内实践资料的研究。有关国内实践委托了47个国家的报告员进行调研，国家的选择是基于地理上的代表性和近期不同类型武装冲突的实践，所收集的国家实践资源包括军事手册、国内立法、国内判例、对武装部队的指令、战争期间的军事公报、外交抗议、官方法律顾问的意见、政府对于条约草案的意见、行政决定和规章与在国际法庭上进行的申诉等。

[①] 26th International Conference of the Red Cross and Red Crescent, Geneva, 3–7 December 1995, Resolution 1, International humanitarian law: From law to action; Report on the follow-up to the International Conference for the Protection of War Victims, International Review of the Red Cross, No.310, 1996, p.58.

[②] 此部分资料主要来源于让－马里・亨克茨所著《习惯国际人道法研究：对在武装冲突中理解与遵守法治的贡献》一文。《红十字国际评论》单行本，红十字国际委员会，2007年版.

2. 对国际实践资料的研究。从国际层面对国家实践的收集由六个小组进行，每一小组集中研究一个专题。研究对象主要是联合国和其他国际组织尤其是非洲联盟、海湾合作委员会、欧盟以及各国议会间联盟等组织的实践。所涉实践形式多样，既包括联合国框架内，特别是安理会、大会和人权委员会制定的决议，也包括联合国开展的特别调查、国际法委员会的工作以及国家发表的相关评论，还包括国家在国际与地区法庭上提起的诉状等。各小组还广泛收集了国际判例法，以便其为习惯国际法规则的存在提供证据。

3. 对红十字国际委员会档案的研究。为了对各国国内与国际资料所开展的研究加以补充，红十字国际委员会查看了自己保存的近40起武装冲突的档案，并进行研究。

4. 研究成果的合并。研究完成后，收集到的实践资料被国际研究组归纳和整合到各领域所有收集到的实践资料之中。六个国际研究小组负责此项工作中与其相关的部分。随后，红十字国际委员会的一批研究人员对这些包含着经过整理之实践的章节进行编辑、补充和更新，并在《第二卷：实践》中予以发表。

5. 专家咨询。在第一轮咨询中，红十字国际委员会请国际研究组制定了一个《执行概要》，内容包括在所收集实践资料基础上对习惯国际人道法做一个初步评估，指导委员会对此举行了三次会议进行讨论。在讨论基础上更新后，《执行概要》在第二轮协商期间被提交给了一个专家组，专家们来自世界各地，以个人资格被红十字国际委员会邀请，他们帮助评估实践并标明哪些被遗漏。

6. 撰写报告。在经过学者与政府专家组的修正后，指导委员会所做的判定成为撰写总结报告的基础。负责撰写的人员再次考察了这些实践，重新确定了习惯的存在，审查了这些规则的表述与次序安排，并起草了评注。初稿由红十字国际委员会法律部提出意见后，进行修改，再次提交给指导委员会、学术和政府专家组及法律部进行书面讨论。在讨论基础上最终定稿。研究成果分为两卷：第一卷为习惯国际法规则汇编，第二卷为国家和国际社会的相关实践汇编。

二、《习惯国际人道法》的基本内容

《习惯国际人道法》为两卷著作：第1卷是规则，第2卷是实践。

第1卷是对适用于国际性和非国际性武装冲突的国际人道法习惯规则的全面分析。

第2卷则包含了国际人道法各个方面的内容，它是对相关条约和相关国家实践的总结，其中包括立法、军事手册、判例法和正式声明，以及国际组织、会议与司法和准司法机构的实践。

《习惯国际人道法》共确立规则161条，涵盖国际人道法的各个方面。这些规则分为六部分：

第一部分"区分原则"，就区分平民与战斗员、区分民用物体与军事目标、不分皂白攻击、攻击中的比例原则、攻击时的预防措施以及防止攻击影响的预防措施等，确立了24项规则。

第二部分"受特别保护的人员和物体"，包括医务和宗教人员与物体、人道救济人员与物体、涉及维和任务的人员与物体、新闻记者、受保护地带、文化财产、含有危险力量的工程和装置、自然环境等，就这些人员与物体确立了21项规则。

第三部分"特定作战方法"，就拒绝饶赦、财产的毁坏与扣押、饥饿与获得人道救济、诡计及与敌方交流等作战方法确立了24项规则。

第四部分"武器"，确立了两项武器使用的一般原则。针对毒物、核武器、生物武器、化学武器、易于膨胀的子弹、爆炸性子弹、主要以无法检测的碎片伤人的武器、诱杀装置、地雷、燃烧武器和激光致盲武器等武器确立了15项规则。

第五部分"平民和丧失战斗力人员的待遇"，它是关于武装冲突受难者的规定，确立了19项适用于所有平民和丧失战斗力人员的基本保证，以确保所有冲突受难者都享有最低限度的人道待遇和人格尊严，然后针对不同类型的人员确立了33项规则，主要涉及战斗员和战俘地位、伤者病者及遇船难者、死者、失踪人员、被剥夺自由的人、迁移与流离失所者以及给予特别保护的其他人员。

第六部分"实施"，共有规则23项，包括遵守国际人道法、国际人道法的执行、责任与赔偿、个人责任及战争罪等内容。

根据《习惯国际人道法》的内容可以看出，此项研究梳理和固化了以下三个方面的规则体系：第一，在国际性武装冲突方面，适用于国际性武装冲突的许多条约规则已发展为习惯国际人道法。[①] 如《第一附加议定书》所包括的在平民与战斗员、在民用物体与军事目标之间加以区分的原则、禁止不分皂白的攻击、攻击中的比例原则、在攻击中以及为避免攻击后果而采取一切可能的预防措施的义务、保护宗教和医务人员、禁止攻击不设防的地方和非军事化地带、禁止以饥饿作为作战手段、冲突方有寻找失踪人员下落的义务，以及对妇女和儿童提供特别保护等规则已具有了习惯国际人道法的性质。第二，对于非国际性武装冲突，一方面，同国际性武装冲突一样，其许多条约规则已发展成了习惯国际人道法，如禁止攻击平民、尊重和保护医

---

① 让－马里·亨克茨在文章《习惯国际人道法研究：对在武装冲突中理解与遵守法治的贡献》中说道：有许多习惯规则与条约法中的规定是相同或类似的。有些规则被认为具有习惯法性质，同时它们在《第一附加议定书》中又具有相对应的条款。见《红十字国际评论》单行本，红十字国际委员会，2007年版，第11页.

务与宗教人员、禁止对平民赖以生存的物体进行攻击、遵守对平民和丧失战斗力者的基本保证的义务等；另一方面，也是红十字国际委员会最重要的贡献，在于它表明习惯国际人道法已大大超越了条约规定，许多条约规则没有做出明确规定的事项，国家实践已发展出了明确具体的习惯国际人道法规则，如《第二附加议定书》对敌对行动的规制仅做了十分粗略的规定，而《习惯国际人道法》表明，国家实践已确立了区分原则、比例原则等更为明确的规制敌对行动的习惯法规则，这在一定程度上摆脱了非国际性武装冲突"无法可依"的困境。第三，该研究报告还表明，对某些问题国家实践还未形成统一做法，需得到进一步澄清。如非国际性武装冲突中武装反对团体成员的地位不够明确，即武装反对团体成员究竟是在直接参与敌对行动时才丧失不受攻击之保护，还是其作为此类团体的成员这一事实本身就足以使他们受到攻击，各国做法不一；从国家实践中也难以归纳出对"直接参与敌对行动"这一术语的明确界定，以及比例性原则的确切范围和适用标准等等。

三、对国际红十字委员会编纂《习惯国际人道法》活动的评价

《习惯国际人道法》作为国际人道法研究的一项重要成果，反映了国际人道法的最新发展，对今后的各国实践将产生深远的影响。但该研究成果是否如红十字国际委员会认为的那样具有法律效力，以及其习惯国际人道法规则确立的方法是否合适，有待商榷。

首先，从性质上看，《习惯国际人道法》属于学术成果范畴。国际习惯是国家在国际实践中形成的，它的形成有两个要素：一是物质因素，即各国的一般实践；二是心理因素，即法律确信。国际人道法的许

多规则都属禁止性规则，要证明这些规则的习惯法性质，就不仅要证明各国在实践中未行使被禁止的行为，还要证明国家的不作为并不是纯属巧合，而是基于法律上的考虑。以其规则第72条"禁止使用毒物和有毒武器"为例，在非国际性武装冲突中，《国际刑事法院规约》并未将使用毒物或有毒武器列为一种战争犯罪，实施该《规约》的一些国内立法也只将构成犯罪的使用毒物或有毒武器限定在国际性武装冲突中。仅有一些国家的立法规定，在非国际性武装冲突中使用毒物或有毒武器属犯罪行为；一些国家的军事手册认为使用毒物或有毒武器是"不人道的"或"不加区分的"；另据报道，实践中存在一些支持该规则的国家行为。《习惯国际人道法》为证明该规则适用于非国际性武装冲突，指出，各国通常不会就武器使用而分别制订适用于国际性和非国际性武装冲突的规则，并很少有国家在实践中使用该类武器，更没有国家宣称有权使用。归纳起来，能起到证据作用的只有：国家在实践中的不作为和几个国家的国内立法与军事手册。后者显然难以证明整个国际社会的"法律确信"。研究报告所称的国家一般不为非国际性武装冲突单独制订武器使用规则，原因可能是国内立法存在空白；没有国家宣称有权使用毒物或有毒武器，并不意味着他们就认为存在"不得使用"的法律义务，这两点同样不能证明国家的"法律确信"。但即便如此，《习惯国际人道法》仍得出结论："国家实践将该规则确立为一项既适用于国际性也适用于非国际性武装冲突的习惯国际法准则。"显然，这一论证过于牵强，不能令人信服。

其实，有的红十字国际委员会官员也将《习惯国际人道法》首先定位为一部学术著作。红十字国际委员会主席雅各布·克伦贝格尔博士在《习惯国际人道法》的序言中就曾写道："考虑到这份报告首先是一部学术著作，因此，红十字国际委员会尊重报告作者以及被咨询专家的学术自由。"①

其次,《习惯国际人道法》的形成过程体现了研究者较为全面、客观、严谨的态度。1995年12月,第26届红十字与红新月国际大会正式委托红十字国际委员会编写一份关于可适用于国际性与非国际性武装冲突的国际人道法习惯规则的报告。在近10年后的2005年,经过细致研究并与专家广泛磋商之后,这份现在被称之为《习惯国际人道法》的研究报告才终获出版。红十字国际委员会确定了该项研究的研究目的,那就是用习惯国际人道法弥补适用条约时带来的阻碍。因为条约仅适用于那些批准了该条约的国家,并且对于目前占相当比例的武装冲突来说,许多条约法并没有做出充分的规定。该项研究的范围甚为宽泛,"并不旨在确定每一项国际人道法的规则的习惯法性质,因此,它也就无须遵循现有条约的框架"。②该项研究对习惯国际法的评估包括国家实践和法律确信。研究组织阵容庞大,许多国际人道法领域的专家教授组成了本项研究的指导委员会,通过对国内、国际实践资料和对红十字国际委员会档案的研究,完成研究成果,经过专家咨询,最后形成报告。整个过程漫长而艰辛。由此我们也可以看出该研究报告的形成过程是严谨的,研究内容较为全面和客观。

再次,《习惯国际人道法》显现出影响国际司法实践的一定的法律效力。习惯国际人道法研究成果被各类实体以多种方式使用,还作为对人道法的实施、澄清和发展进行讨论的基础。这一成果被联合国、国际和混合刑事法院及法庭、国内法院以及非政府组织所使用。例如,

---

① 让－马里·亨克茨,路易丝·多斯瓦尔德－贝克.习惯国际人道法[M].北京:法律出版社,2007:序言.源自红十字国际委员会官方网站.

② 让－马里·亨克茨,路易丝·多斯瓦尔德—贝克.习惯国际人道法[M].北京:法律出版社,2007:导论.

基于这一研究成果中收集到的实践，塞拉利昂特别法庭裁定在非国际性武装冲突中招募儿童兵构成战争罪，从而加强了对儿童的保护，使他们免于被招募作儿童兵。此外，联合国特别报告员关于2006年黎巴嫩南部冲突和2009年加沙冲突的报告就以这一研究结果为依据来确定适用于这些冲突的习惯国际人道法规则。在许多国家，可以在国内法院或法庭上援引习惯国际法。例如在以色列，最高法院于2008年对限制燃料和电力进入加沙的问题做出判决时，法院声明"冲突各方必须避免在其控制的区域内阻碍居民急需的基本人道援助物资的通过"，[①] 就引用了习惯国际人道法及红十字国际委员会的研究成果。

但红十字国际委员会的习惯国际人道法研究成果毕竟不能等同国际习惯。朱文奇教授认为："国际红会的文件决不能被等同于法律渊源……在引用国际红会编著、出版的《习惯国际人道法研究》时，会在缺少分析的情况下就将这里面的内容自然而然地看作是习惯国际人道法规则的情况。这当然是欠妥的。"[②] 俞正山教授也在书中说："《习惯国际人道法》……只为一种学术著作，一出版就把它整个拿来作为有效力的习惯国际人道法使用，实在有些贸然。"[③] 因此《习惯国际人道法》不具有当然的法律拘束力。

---

① 条约与习惯国际人道法。源自红十字国际委员会官方网站.

② 朱文奇. 论国际红会的法律人格与法律地位 [J]. 西安政治学院学报，2010(2)：89.

③ 俞正山. 国际人道法研究 [M]. 北京：解放军出版社，2010：56.

第四章 红十字国际委员在实施国际人道法中的作用

在实践中，红十字国际委员会从成立至今，一直被视为国际人道法实践的守护者，在推动实施国际人道法方面起着重要的作用。根据《日内瓦公约》的有关规定，红十字国际委员会在国际人道法实践中的行动包括：得以中立团体对战争受难者进行保护和救济；并为上述原因而失散的人查人转信；受理有关违反人道主义公约的指控；致力于发展和传播人道主义法律，与各国红十字会、红新月会、武装部队和医疗部门合作培训医务人员；国际红十字章程赋予红十字国际委员会特殊责任，以维护国际红十字运动的基本原则。

第一节 致力国际人道法的传播

掌握国际人道法的规定是实施国际人道法的前提和基础。因此，如何协助各国促进国际人道法的传播，就成为红十字国际委员会首要的责任。

一、红十字国际委员会协助各国传播国际人道法的法律依据

（一）国家是传播国际人道法规则的主要义务承担者

1907年《海牙公约》第1条规定，缔约国应当向其武装部队传授公约附件的陆战法与习惯。1949年的4个《日内瓦公约》都是用了基本相同的措辞规定了国家传播其规则的义务，如《日内瓦第一公约》第47条规定："各缔约国在平时及战时应在各国尽量广泛传播本公约之约文，尤应在其军事领域，并如可能时在公民教育计划中，包括本公约之学习，俾本公约之原则为全体人民，尤其武装战斗部队、医务人员及随军牧师所周知。"另外《日内瓦第二公约》的第48条、《日内瓦第三公约》的第127条、《日内瓦第四公约》的第144条都规定了类似的任务。

国家传播国际人道法规则的义务在《日内瓦公约》1977年的两个《附加议定书》中得到了重申和发展。《第一附加议定书》要求各国尽可能广泛地传播国际人道法，并特别"鼓励平民居民进行相关学习"。① 第82条还第一次规定了向指挥官提供法律顾问这项特定的义务，它的目的在于帮助确保指挥官所采纳的决定符合国际人道法，并确保向武装部队发出合适的指示。② 之外，第6条、第87条还直接或间接地规定了一些传播的具体措施。③ 关于保护非国际性武装冲突受难者的《第二议定书》第19条只规定了"议定书应尽可能广泛地予以传播"，为国家履行传播义务留有大量余地。在实践中，宣传此议定书似有煽动暴乱

---

① 《日内瓦公约》第一附加议定书》第83条.

② 《日内瓦公约》第一附加议定书》第82条。该条款要求缔约国为武装部队配备法律顾问，以便为武装部队成员就公约和议定书的适用进行教育并向司令官提供法律意见。该议定书的缔约国没有对第82条做出保留或解释性声明.

③ 第6条要求缔约国在平时培训合格人员，以便利公约及议定书的适用。第87条要求司令官保证其部下了解公约及议定书.

之嫌，或显示出国家对维护其国内秩序缺乏信心。[①] 其实，在非国际性武装冲突为主要形式的现代冲突中，无论政府还是人民，都对人道法的实施有了越来越高的要求，无论这是文明进步的表现，还是政府借此修饰形象，人道法的理念和基本原则是不变的，并应该贯穿始终的。

1954年《关于发生武装冲突时保护文化财产的海牙公约》第7条[②]、第25条[③] 采用与《日内瓦公约》及其议定书基本相同的措辞，要求缔约国在平时和战时广泛传播公约条文，以使公众尤其是武装部队和从事文化财产保护的人员知悉公约的原则。该公约1999年的《第二议定书》第30条[④] 进一步规定，负责在武装冲突时期执行该《议定书》的军事或民政当局应充分了解本《议定书》的内容。为此，各缔约国须将有关保护文化财产的指南和指令纳入它们的军事条例，并且须与联合国教科文组织及有关的政府组织和非政府组织合作，制订和实施和平时期的训练和教育计划。

1980年《禁止或限制使用某些可被认为具有过分伤害力或滥杀滥

---

① 郭阳.论国家传播国际人道法的义务 [J]. 西安政治学院学报，2009(3)：83.

② 《关于发生武装冲突时保护文化财产的海牙公约》第7条规定："各缔约国承允于和平时期在其军事条例或训示中列有可保证本公约得以遵守的规定，并在其武装部队成员中培养一种尊重各民族文化及文化财产的精神。"

③ 《关于发生武装冲突时保护文化财产的海牙公约》第25条规定："各缔约国承允于和平时期及武装冲突期间在其各自国家内尽可能广泛地传播本公约及其实施条例的文本。他们特别承允将对公约的研究列入军事教育计划，并如可能也列入国民教育计划，以使公约的各项原则为全体居民，特别是武装部队和从事文化财产保护的人员所知晓。"

④ 《第二议定书》第30条规定："1. 缔约国应通过适宜的方法，特别是通过一些宣传教育计划，使本国全体公民更加重视和尊重文化财产。2. 缔约国在和平时期和武装冲突时期均应尽可能广泛地传播本《议定书》。3. 负责在武装冲突时期执行本《议定书》的军政当局应充分了解《议定书》的内容。为此，缔约国应视情：a. 将有关保护文化财产的方针和指令纳入它们的军事条例；b. 与教科文组织及有关的政府组织和非政府组织合作，制订和实施和平时期的训练和教育计划；c. 通过总干事，相互通报为实施 a 分段和 b 分段而制订的法律、行政条例和措施；d. 尽快地通过总干事相互通报自己为执行本《议定书》所可能制订的法律和行政条例。"

伤作用的常规武器公约》(简称《常规武器的公约》)第6条① 也要求缔约国尽可能广泛地传播公约及其议定书,尤其是要将对公约的学习纳入军事训练课程。1996年《经修正后的关于地雷的第二号议定书》第14条② 规定,缔约方应要求其武装部队发布有关的军事指令和作业程序,并要求武装部队人员接受与其任务和职责相称的培训。1995年《关于激光致盲武器的第四议定书》第2条③ 规定了缔约方应对武装部队进行培训。

1989年的《儿童权利公约》第42条④ 及2000年的《儿童权利公约关于儿童卷入武装冲突问题的任择议定书》第6条⑤ 也要求缔约国采取措施使成人和儿童普遍知晓公约的原则和规定。

(二) 红十字国际委员会具有传播和协助各国传播国际人道法的义务

红十字国际委员会传播和协助各国传播国际人道法的义务主要来自《国际红十字与红新月运动章程》第3条的规定,"它们传播并帮助政府传播国际人道主义法。在这方面各国红会应积极主动。它们宣传本运动的原则和理想,并协助也在宣传这些原则和理想的政府。……

① 《常规武器的公约》第6条规定:"各缔约国承诺无论在和平期间或武装冲突期间,均将尽量在其本国广泛传播本公约及该国受其约束的议定书,特别要在军事训练课程中包括这方面的学习,以便使武装部队均知悉各该文书。"

② 《经修正后的关于地雷的第二号议定书》第14条规定:"每一缔约方还应要求其武装部队发布有关的军事指令和作业程序,并要求武装部队人员接受与其任务和职责相称的培训,以期遵守本议定书的规定。"

③ 《关于激光致盲武器的第四议定书》第2条规定:"缔约方在使用激光系统时应采取一切可行的预防措施,避免对未用增视器材状态下的视觉器官造成永久失明。这种预防措施应包括对其武装部队的培训和其他切实措施。"

④ 《儿童权利公约》第42条规定:"缔约国承担以适当的积极手段,使成人和儿童都能普遍知晓本公约的原则和规定。"

⑤ 《关于儿童卷入武装冲突问题的任择议定书》第6条规定:"缔约国承诺以适当手段使成人和儿童普遍知晓并向他们宣传本议定书的各项原则和规定。"

它们还与政府合作，确保国际人道主义法得到尊重。"

1986年10月，第25届红十字国际大会通过的《红十字与红新月运动章程》又对国际委员会传播和协助各国传播国际人道法的职能做了修改，特别强调：解释和传播适用于武装冲突的国际人道法，并推动这类法律的发展在具体活动中的传播。

可见，《日内瓦公约》授予的任务和《国际红十字与红新月运动章程》规定的职责，是红十字国际委员会传播国际人道法的主要法律依据。

二、红十字国际委员会传播国际人道法的具体方式

传播国际人道法是国家一项重要的条约义务，但在大多时候，红十字国际委员会却承担了大量的传播国际人道法的任务，红十字国际委员会提供其在冲突局势中开展工作的专长和实用经验，推动各国政府通过颁布国内法，修订军人和警察条令，在社会各阶层中推广国际人道法，从而帮助政府履行其人道主义职责。

（一）设立国际人道法咨询服务处

促进"国内实施措施"是红十字国际委员会长期以来的关注事项，并经常被列入红十字与红新月国际大会议程。1986年第25届国际大会通过了《国际人道法国内实施措施》决议，之后红十字国际委员会先后于1988年和1991年就这些措施的采纳致函各国。① 这些努力得到了由瑞士政府于1993年在日内瓦召集的保护战争受难者国际会议的有力支持。会议敦促各国："在国内层面采取和实施一切旨在确保对适用于武装冲

---

① National measures to implement international humanitarian law: Resolution V of the 25th International Conference of the Red Cross (Geneva, 1986): Written representations by the International Committee of the Red Cross, ICRC, Geneva, October 1991; National measures to implement international humanitarian law: A new move by the ICRC, IRRC, No. 263, March–April 1988, pp. 121–140.

突的国际人道法的尊重及惩罚违反该法行为的法律、法规和措施。"

1993年会议呼吁组成一个政府间专家组,研究那些促进对人道法充分尊重和遵守的实用手段。专家组于1995年1月在日内瓦会面,所提出的建议包括设立国家委员会以咨询和协助政府实施和传播人道法,交流有关实施措施的信息,以及强化红十字国际委员会"在征得国家同意的情况下为其国际人道法实施和传播工作提供咨询服务的能力"。[①]

红十字国际委员会对专家建议做出了迅速反应。在1995年12月第26届红十字与红新月国际大会召开时,红十字国际委员会已在其法律部内设立了一个新部门,即国际人道法咨询服务处(以下简称"咨询服务处"),旨在为各国的国内实施提供专业法律建议。[②]咨询服务处于1996年初开始全面运转,主要开展以下活动:①组织专家会议:安排关于实施国际人道法的国内和地区性研讨会以及专家会议,参与国际论坛;②在将国际人道法纳入国内法方面提供法律和技术援助:翻译国际人道法条约,开展国内法与这些条约所要求的义务的兼容性研究,提供法律建议;③鼓励各国建立国家国际人道法委员会并协助其开展工作:在实施、发展及传播国际人道法方面,支持各政府的咨询部门开展工作;④促进信息交流管理:有关立法、判例法、国内研究和武装部队手册的文本集,在红十字国际委员会网站(WWW.ICRE.ORG)和红十字国际委员会关于国际人道法的光盘上,都可以查看关于实施

---

① "Meeting of the Intergovernmental Group of Experts for the Protection of War Victims (Geneva, 23–27 January 1995): Recommendations" (hereinafter referred to as "Recommendations"), Sections III, V, VI, IRRC, No. 304, January–February 1995, pp. 33–38.

② "International humanitarian law: From law to action", report presented by the ICRC, in consultation with the International Federation of Red Cross and Red Crescent Societies, on the follow-up to the International Conference for the Protection of War Victims, IRRC, No. 311, March–April 1996, pp. 194–222.

国际人道法的数据库；⑤出版专业文件：发表与实施相关的主要国际人道法条约和话题方面的情况介绍，批准条约参考文件，关于实施措施的指导方针，全世界范围内国内实施的定期报告，关于研讨会和专家会议的报告。①

红十字国际委员会成立咨询服务处的目的有两个：一是鼓励所有国家都批准人道法条约，二是鼓励各国在国内层面上履行其根据这些条约所应承担的义务。②红十字国际委员会咨询服务处帮助政府履行他们的义务，通过国内立法和行政手段来推广并实施条约和习惯国际人道法。咨询服务处为各国政府提供支持，以便填补国内资源的不足。该部门还在设有国际人道法国家委员会的国家与这类委员会紧密合作。通过为政府提供法律咨询意见，咨询服务处在长期传播国际人道法的活动方面取得了显著成效。

（二）在武装部队和平民中传播

1. 在武装部队中的传播

事实上，红十字国际委员会在武装部队中传播国际人道法的活动自建立以来就开始了，红十字国际委员会和各国红会一直在同各国军队合作，从事武装冲突法知识的传播，确保武装部队尊重武装冲突法。讲授国际人道法是《日内瓦公约》及其《附加议定书》各缔约国的一项义务，红十字国际委员会无意代为履行义务，只是希望通过设立各种课程，促进将国际人道法教育纳入军事训练中的进程，传授这一学科的经验和知识，以便于国内军事当局完成上述任务。但在早期的工作实践中呈现的是这一传播的义务并没有得到国际社会足够重视的情况。于是，1977年召开的《关于再次明确和发展国际人道法在武装冲

---

① 关于国际人道法的咨询服务处。源自红十字国际委员会网．

② 关于国际人道法的咨询服务处。源自红十字国际委员会网．

突中的应用的外交会议》第21条决议中专门提出要缔约国各方履行其在传播日内瓦四公约及其附加议定书方面的义务。它呈请签约国采取一切适当措施达到这一目的，特别是通过教学或法律顾问的培训，"如果需要可以向红十字国际委员会寻求帮助和咨询"。它敦促"各国红十字会和红新月会向其本国政府提供服务以便有效地传播国际人道法知识"。[①] 最后，它呈请红十字国际委员会积极参与国际人道法知识的传播工作，特别是通过以下方式：出版有助于国际人道法讲授的材料，并且发布有关日内瓦四公约及其附加议定书传播的信息。自行组织或在接到政府和国家红十字会的请求时组织有关国际人道法的研讨会或讲习班，并为此目的与各国合作并提供适当的指导。

由此，在20世纪70年代后半期，红十字国际委员会着手开设了一系列为高级军官举办的专门讲习班，并派遣代表到需要相应帮助的国家，向武装部队的高级军官讲授武装冲突法的主要规则。在接下来的10年中，为了在世界不同地区尽可能按实际情况开办标准讲习班而编制了讲习材料。所有这些努力在1994年达到了顶峰，包括1989年第一次在总部以外设了一个职位——向基于内罗毕的亚撒哈拉非洲的武装部队派出了一位代表。这一年，红十字国际委员会在其内部成立了一个专门的单位来支持各国政府传播这一法律的工作。[②]

传统上，红十字国际委员会传播工作的重点是各国武装部队成员。然而，考虑到警察部队和其他安全部队在不属于战争的情势中的积极

---

① 弗朗索瓦·塞内绍.武装冲突法——现状、展望与训练：红十字国际委员会在世界范围内武装冲突法训练活动中的作用.北京：红十字国际委员会东亚地区代表处与中国人民解放军总政治部办公厅联合印刷，2006：171.

② 弗朗索瓦·塞内绍.武装冲突法——现状、展望与训练：红十字国际委员会在世界范围内武装冲突法训练活动中的作用.北京：红十字国际委员会东亚地区代表处与中国人民解放军总政治部办公厅联合印刷，2006：172.

介入以及武装部队在执法方面的职能，红十字国际委员会于1996年决定制定一项制度性的政策和合适的方法，在这些部队中传播人权法和国际人道法。对于警察和安全部队，红十字国际委员会并不强调国际人权法和国际人道法的区别，而是更倾向于确定国际法这两个分支的共同之处。根据有关国家和地区的主要环境，红十字国际委员会向警察和安全部队传播的信息或以国际人权法为基础，或以国际人道法为基础，或以某些国内法规为基础，但信息本身的内容并不改变。

红十字国际委员会在武装部队中传播国际人道法也得到了大部分国家的支持。以我军为例，从1991年开始，我军与国际红会合作，每两年在我军院校举办一期武装冲突法教官讲习班，先后在西安政治学院、南京政治学院、广州水面舰艇学院、上海空军政治学院举办了7期，共有二百多名军官参加了培训。参加上述讲习班的有部队指挥官、参谋军官和军校教官，还有专门从事武装冲突法教学和科研的军官，他们已经成为我军传播、推广武装冲突法的骨干力量。另外，为使我军各级指挥官了解和掌握国际人道法，有计划地安排国际官员和我军专家，到各类院校进行武装冲突法知识讲座，其中有中国人民解放军最高军事学府国防大学，有培养师团级指挥官的石家庄陆军指挥学院，有培养连排级指挥员和飞行员的初级院校，如石家庄陆军指挥学院、大连海军舰艇学院、空军哈尔滨第一飞行学院等。①

2. 在平民中传播

在武装冲突中保护平民是国际人道法的一项基本内容。《日内瓦第一附加议定书》要求各国尽可能广泛地传播国际人道法，并特别"鼓

---

① 张贡献.武装冲突法——现状、展望与训练：中国人民解放军传播推广武装冲突法的基本情况.北京：红十字国际委员会东亚地区代表处与中国人民解放军总政治部办公厅联合印刷，2006：183.

励平民居民进行相关学习"。① 许多军事手册中都规定，国家必须鼓励平民居民学习国际人道法或尽可能广泛地传播国际人道法，以使其为平民居民所周知。② 此外，一些国家的立法规定，平民居民必须接受符合国际人道法的指示，或者积极努力制订此类培训计划，以便实现这项义务。③ 因此，加强国际人道法在平民中的传播，教会平民如何利用国际人道法保护自己，成为红十字国际委员会的重要职责。

一是以决议的形式敦促各国向平民传授国际人道法。为加强国际人道法在各国平民中的传播，"红十字国际委员会以协商一致的方式通过了一些决议，要求各国鼓励向平民居民传授国际人道法"。④ 在红十字国际委员会的积极推动下，1999年，在第27届红十字与红新月国际大会上，来自世界各地的相当多数的国家纷纷承诺对教育和培训课程的设置进行审查，以便在其中加入国际人道法的内容，或强化对一般民众的国际人道法的传播。⑤ 此外，《日内瓦公约》第一附加议定书》还进一步规定，在武装冲突时负责适用国际人道法的民政当局应充分熟悉它们的义务。⑥

二是重点加强在青年群体中传播国际人道法。年轻人往往是直接遭受战争残酷影响的人群之一，他们将是未来领导者、舆论制造者、

---

① 《日内瓦公约》第一附加议定书》第83条.

② 在澳大利亚、比利时、加拿大、喀麦隆、哥伦比亚、德国、匈牙利、新西兰、尼日利亚、瑞典、西班牙、塔吉克斯坦、美国等国家的军事手册中有此内容.

③ 参见下列国家的立法：阿塞拜疆、克罗地亚、秘鲁、俄罗斯、斯洛伐克.

④ See,e.g.,19th International Conference of the Red Cross,Res.XXX; 22nd International Conference of the Red Cross,Res. Ⅻ ;23rd International conference of the Red Cross, Res. Ⅶ ;25th international conference of the Red Cross,Res. Ⅷ .

⑤ 参见下列国家在第27届红十字与红新月国际大会上所做的承诺：阿根廷、白俄罗斯、比利时、智利、中国、哥伦比亚、古巴、希腊、梵蒂冈、冰岛、印度尼西亚、莫桑比克、斯洛文尼亚.

⑥ 《日内瓦公约》第一附加议定书》第83条.

士兵和警察。在实践中，红十字国际委员会一直强调向青年群体传播国际人道法的重要性。红十字国际会议和通过附加议定书的外交会议所通过的决议也同样强调了这个方面的传播。[①] 因此，红十字国际委员会通过各种类型的教育项目，努力在正式和非正式的教育环境中，帮助年轻人增强其对国际人道法的认识。这些教育项目的目标旨在促进人的尊严并使年轻人熟悉国际人道法和人道行动。

三是借助合作伙伴实施国际人道法的传播。红十字国际委员会认为，在促进遵守人道法传播方面，大学始终是他们的重要合作伙伴。为此，红十字国际委员会通过鼓励大学开设国际人道法课程并为讲授国际人道法的教师提供支持的方式开展工作。在大学的积极配合下，红十字国际委员会常常与国家红十字会或红新月会携手合作，为学生们组织各类活动，其中包括模拟法庭等角色扮演竞赛以及论文写作大赛等等，这种传播方式受到了青年学生的欢迎。

另外，红十字国际委员会还针对不同的文化和局势开发了相应的教学方法，包括：传统的研讨课、音频与视频演示、光盘驱动器、讲堂以及大量发行的图解国际人道法主要规则并配以一定实例的漫画书。

（三）开展人道外交

作为国际人道法的守卫者，红十字国际委员会自其成立之初就积极参与外交努力，它不仅普及了人道的理念，而且还修改法律文件以适应变化了的现实状况。[②] 红十字国际委员会运用人道外交的手段关注各国人道问题和事务，并与国际社会分享人道关怀。在联合国、欧洲

[①] 15th International Conference of the Red Cross, Res. IX . 19th International Conference of the Red Cross, Res. XI X and Res.XXX; 23rd International Conference of the Red Cross, Res. VII ; Diplomatic Conference Leading to the adoption of the additional Protocols, 第21号决议 .

[②] 丘吉尔·埃伍姆布韦—莫诺诺，卡罗·冯·弗吕，李斌翻译 . 通过红十字国际委员会与非洲联盟之间的合作促进国际人道法的发展 [J]. 红十字国际评论，2003(852)：749–773.

安全与合作组织以及其他组织等各种国际论坛上，红十字国际委员会寻求提高对人道责任和原则的关注。

1. 人道外交的由来

红十字国际委员会一贯重视与国际和区域组织的系统合作，以此促进国际人道法知识的传播。例如，1983年在纽约联合国总部举办研讨会和在华盛顿特区与美洲国家组织（OAS）举办的研讨会，1991年在日内瓦联合国组织举行的研讨会，1994年与非洲统一组织（OAU，简称"非统"）在亚的斯·亚贝巴（Addis Ababa）举办的研讨会等。[①]20世纪90年代末，红十字国际委员会已经为欧洲安全与合作组织、欧盟、议会联盟、阿拉伯国家联盟、北大西洋公约组织、一些亚区域组织如西非国家经济共同体、南部非洲发展共同体的外交官和官员开设了类似的人道外交项目。为了方便国际人道法在外交界的传播，红十字国际委员会与这些国际组织签订了合作协议，协议赋予红十字国际委员会永久观察员或常驻受邀者的身份。除此之外，还有不结盟运动（NAM）、国际海事组织（IMO）、联合国、联合国机构间人道事务常设委员会、非洲统一组织、欧盟，伊斯兰会议组织（OIC）、美洲国际组织（OAS）、阿拉伯国家联盟（LAS）、国际移民组织（IOM）和世界卫生组织（WHO）。[②]另外，红十字国际委员会还向这些组织派驻了永久使团或代表团，比如在纽约派驻联合国的、在布鲁塞尔派驻欧盟的、在开罗派驻阿拉伯国家联盟的、在亚的斯·亚贝巴派驻非洲统一组织（现为非洲联盟）的，等等。

---

① 让－吕克·肖帕尔（Jean-Luc Chopard），《向外交官和国际官员传播国际人道法》，《红十字国际评论》，1995年，第77卷，306号，第355-357页．

② 阿勒汉德罗·洛里特·埃斯科利珲拉（Alejandro Lorite Escorihuela）．红十字国际委员会是一个自成一体的国际组织吗？关于红十字国际委员会的国际法律人格问题 [J]. 国际公法一般评论，2001(3)：598-602.

在外交领域促进国际人道法的发展推动了"人道外交"理念的出现。红十字国际委员会将"人道外交"描述为:"对外关系全部政策的集合,这些政策旨在传播国际人道法的知识、适用并确保国际人道法的条款得到适用、帮助实现赋予该机构的使命,并促进独立性的人道行动。"①在日内瓦的红十字国际委员会总部中,有一个具体的部门专门负责协调该机构人道方面的外交事务。

这些外交努力得到了红十字国际委员会更为广泛地与外界沟通的战略支持,该战略旨在方便红十字国际委员会接触战争受难者、支持红十字国际委员会的人道工作、促使国际人道法受到尊重、动员决策者们和领导者们在主要的人道关切方面表明自己的态度,并让红十字国际委员会的使命、作用和活动与其他人道组织相比,更能为人所知。

2. 享有联合国观察员地位

1990年10月16日联合国大会给予红十字国际委员会观察员地位。②从那时起,红十字国际委员会已经能够在观察员的能力范围内参与联合国大会的会议和工作。联合国正是考虑到1949年8月12日的《日内瓦公约》赋予红十字国际委员会的特殊角色和职责,以及红十字国际委员会据此在国际人道关系中所起的特殊作用,并以推动两个组织之间的合作为目的,才给予红十字国际委员会这一身份。

红十字国际委员会利用观察员的身份,在联合国召开的联合国大会和联合国人权委员会会议上对国际人道法的有关议题陈述意

---

① 红十字国际委员会,《关于"将来"的研究:战略性质的内容》,《红十字国际评论》,1997年,第79卷,321号.

② 1990年10月16日,联合国大会决定邀请红十字国际委员会以观察员身份参加其审议工作。获138个联合国成员国支持的相关决议未经投票即获通过。第45届联合国大会解释性备忘录.《红十字国际评论》,1990年第279期,第581–586页.

见。① 在联合国大会上进行呼吁，其效果必然是能够引起更多更广泛的关注。红十字国际委员会正是利用这一途径进行人道外交，使国际人道法获得更好更快的发展。

3. 与其他组织的交往

人道外交的手段也应用在与其他组织的交往上。红十字国际委员会与一些主要地区性组织保持关系并讨论人道问题。这些组织包括欧洲安全与合作组织、欧洲联盟、北大西洋公约组织（NATO）、北约组织议会大会以及非洲联盟。红十字国际委员会的目的是确保这些机构能够很好地理解其人道活动和人道关怀，在冲突相关的危机中，红十字国际委员会经常号召这些组织进行政治干涉或完成具体任务。

以非洲联盟为例，红十字国际委员会与非洲统一组织（非洲联盟的前身）在1992年就签订了一个合作协议，该协议的目的是鼓励非洲对国际人道法给予更多的承认、并促进国际人道法更广泛的发展，提高对红十字国际委员会作用和行动的认识。② 1994年至2002年之间，非统与红十字国际委员会在亚的斯·亚贝巴为非统的员工和被委派到非统的非洲外交官，举办了7次研讨会，以传播国际人道法。主题分别是国际人道法与红十字国际委员会的活动（1994年）、非洲面临的人道挑战

---

① 以2010年联合国大会第65届会议为例，红十字国际委员会在大会上做了以下专题发言：整个维和行动各方面问题的全面审查；加强联合国人道与救灾援助的协调工作；推动并保护儿童权利；有关保护武装冲突受害者的《1949年《日内瓦公约》之附加议定书》的地位；普遍管辖原则的范围与适用；提高妇女地位；国内和国际层面的法治；全面及彻底的裁军——《禁止或限制使用某些可被认为具有过分伤害力或滥杀滥伤作用的常规武器公约》.

② 丘吉尔·埃伍姆布韦—莫诺诺 . 在非洲促进人道主义公共外交：红十字国际委员会与非统在亚的斯亚贝巴非洲外交界传播国际人道法的十年合作之研究：1992 — 2002.非洲民主与发展研究中心出版社，2003：104–107// 丘吉尔·埃伍姆布韦—莫诺诺，卡罗·冯·弗吕 . 通过红十字国际委员会与非洲联盟之间的合作促进国际人道法的发展 [M]// 朱文奇 . 国际人道法文选（2003）. 北京：解放军出版社，2005：428–429.

（1995年）、水与武装冲突（1996年）、国际刑事法院（1997年）、混乱冲突中的国际人道法（1998年）、武装冲突与21世纪人道行动的最终目的（2000年）以及就围绕《非洲联盟章程》与国际人道法面临的挑战等问题上发表意见的讨论（2002年）。非统与红十字国际委员会还组织了公开的圆桌讨论会，以交流关于非洲面临的国际人道法问题的观点，并让公众所知。2009年10月23日，非洲首次就难民问题召开最高级别会议并签署具有约束力的公约《关于保护和救助非洲流离失所者的非洲公约》，①这个公约正是红十字国际委员会与非洲联盟两个组织之间长期合作的结果，并且红十字国际委员会从一开始就参与了条约的起草工作。

针对非洲的实际情况，红十字国际委员会在与非洲联盟合作时反复强调，武装冲突中被迫流离失所的主要原因之一无疑是违反国际人道法的行为，而出于红十字国际委员会的职责要求，因此，他们必须提醒冲突各方牢记他们的法律义务。如果这些法律规则能得到更好地遵守，就能在很大程度上预防国内平民流离失所。预防无疑胜于治疗。事实上，《关于保护和救助非洲流离失所者的非洲公约》包括国际人道法的许多重要条款，对国家和非国家参与方均有约束力。它不仅包括保护和援助国内流离失所者的相关义务，而且还包括确保防止强迫迁移的规范以及明确禁止违反人道法的任意迁移的规范。事实上，该公约在某些方面比国际人道法条约更进了一步，例如其中有关安全与自愿返乡的规则，以及获得赔偿或其他形式补偿的规则。就加强对国内流离失所者的保护而言，这当然是积极的进步。该公约为加强对非洲

---

① 2009年10月23日，出席非洲联盟（非盟）难民问题特别首脑会议的非洲领导人在乌干达首都坎帕拉签署了《关于保护和救助非洲流离失所者的非洲公约》，这是非洲首次就难民问题召开最高级别会议并签署具有约束力的公约。东道主乌干达总统穆塞韦尼首先在公约上签字，46个非洲国家的元首或高级代表随后签署公约。该公约突出了各国政府在保护和安置难民方面的责任和必须采取的措施，有望改善非洲地区1700多万流离失所者的生存状态．

国内流离失所者的保护和援助提供了一个坚实的框架。红十字国际委员会随时准备帮助各国履行其与流离失所有关的国际人道法职责。[①]

红十字国际委员会和非洲联盟在非洲外交界进行的促进和传播国际人道法的合作，有助于使解决人道方面问题的努力成为1999年到2002年非洲统一组织向非洲联盟过渡的过程中不可分割的一部分，并为将来在非洲联盟和红十字国际委员会之间开展更强有力的合作，铺平了道路。红十字国际委员会驻非洲代表团团长将红十字国际委员会的人道外交工作描述为：它是"我们（红十字国际委员会与非洲统一组织）建立最高级别的联系、以及确保我们的人道行动能得到外交支持的一个平台"。[②]

第二节　实施人道主义保护和救援

红十字国际委员会的任务是任何时候都努力确保对在武装冲突和国内暴乱中平民和军事受害者的保护和援助。[③]自1863年成立以来，红十字国际委员会一直致力于保护和救助武装冲突和其他暴力局势的受害者。它最初是以救助伤兵为重点，但随着时间的推移，其救助行动延伸到此类事件的所有受害者。红十字国际委员会因其中立性和独立

---

① 国内流离失所问题的根源及预防：红十字国际委员会的观点。2009年10月23日，乌干达，坎帕拉，在"非洲难民、返乡者和国内流离失所者特别峰会"上，红十字国际委员会主席雅各布·克伦贝格尔发表的声明。源自红十字国际委员会官方网站.

② 让－弗朗斯瓦·贝尔热（Jean-François Berger），《走在人道主义大道上的非洲统一组织》，《红十字与红新月》，2001年，3号，第25页。转引自丘吉尔·埃伍姆布韦－莫诺诺，卡罗·冯·弗吕，《通过红十字国际委员会与非洲联盟之间的合作促进国际人道法的发展》，载朱文奇主编《国际人道法文选（2003）》，解放军出版社，2005年版，第429页.

③ 红十字国际委员会援助政策，摘自红十字国际委员会特别报告：援助，2000年1月3日。源自红十字国际委员会官方网站.

性能被冲突的各方所接受。当《日内瓦公约》明确承认了红十字国际委员会活动的公正性和纯粹的人道性质，并赋予了该组织忠实适用国际人道法的特殊职责时，该组织的这一作用得到了正式的认可。

一、红十字国际委员会实施人道主义保护和救援的法律依据

"保护"体现在红十字国际委员会为帮助那些武装冲突中被俘获的人逃离危险、改变被虐待的命运。为了使他们避免遭受这些痛苦而采取的所有行动中。红十字国际委员会采取保护的第一条途径是维护法律，这就是红十字国际委员会设立日益广泛的确保能够保护战争中的受害者的规则，以及向卷入冲突中的有关当局做出请求以阻止或者结束违反人权法的行为的原因。红十字国际委员会实施援助行动的首要目标是为了保护受害者的生命健康，改善他们所处的困境并且确保冲突带来的后果（包括疾病、伤害、饥饿等）不会危害他们的将来。为了应对那些随着特定地区或者危机而出现的不断变化的各种需要，红十字国际委员会在采取行动时经常需要一种多元化的战略。红十字国际委员会是基于《日内瓦公约》及其附加议定书的国家成员方的特别授权而采取行动的。

（一）日内瓦四公约

1.《日内瓦公约》共同第3条

《日内瓦公约》共同第3条，适用于"在一缔约国领土内发生非国际性武装冲突之场合"，该条设定了非国际性武装冲突中所应遵循的最低的国际人道法标准，被称之为一个"小公约"。该条规定："公正的人道团体，如红十字国际委员会，得向冲突之各方提供服务。"尽管公正的人道团体除了红十字国际委员会还有其他组织，但这里明确提及的

只有红十字国际委员会。①因此，红十字国际委员会是被《日内瓦公约》明确赋予了"向冲突之各方提供服务"资格的组织。

2. 日内瓦第一、二、三公约第9条，第四公约第10条

公约适用于"两个或两个以上缔约国间所发生之一切经过宣战的战争或任何其他武装冲突"②。日内瓦第一、二、三公约的第9条和日内瓦第四公约的第10条的内容相似，只是保护与救济的对象不同。日内瓦第一公约规定："本公约之规定并不妨碍红十字国际委员会或其他公正的人道组织，在有关冲突各方之同意之条件下，从事保护与救济伤者、病者、医务人员及随军牧师之人道活动。"第二公约保护与救济的对象除第一公约提到的"伤者、病者、医务人员及随军牧师"外，还有"遇船难者"；第三公约保护与救济的对象为"战俘"；第四公约保护与救济的对象为"平民"。

这里红十字国际委员会作为"公正的人道组织"代表，又一次被明确了"从事保护与救济之人道活动"的资格，但需"在有关冲突各方之同意条件下"。国际人道法的实施在国际性武装冲突中具有较强的政治敏感性，许多国家因担心外部力量以人道主义的名义干涉其内政而排斥国际非政府组织进入自己的国家开展活动，因此要求红十字国际委员会或其他公正的人道组织在开展保护或救助行动时得到冲突各方的同意是十分必要的。

3. 日内瓦第一、二、三公约第10条，第四公约第11条

公约同样适用于国际性武装冲突。日内瓦第一、二、三公约的第

---

① 值得注意的是，共同第3条只概括地提到了"向冲突之各方提供服务"，而并没有明确有关这种服务的受益对象、任务范围等具体细节。这种概括性的措辞，虽然给红十字国际委员会的行动设立了较大的法律空间，但对于其他"公正的人道团体"也留下了权利义务不明确的问题．

② 日内瓦第四公约第2条．

10条和日内瓦第四公约的第11条的内容相似,同样也只是保护的对象不同。日内瓦第一公约第10条规定:"各缔约国得随时同意将根据本公约应由保护国负担之任务,委托于具有公允与效能之一切保证之组织。当伤者、病者,或医务人员及随军牧师,不拘为何原因,不能享受或已停止享受保护国或本条第一款所规定之组织的活动之利益时,则拘留国应请一中立国或此种组织担任依照本公约应由冲突各方指定之保护国所执行之任务。若保护不能依此布置,则拘留国应在本条之规定之约束下,请求或接受一人道组织,如红十字国际委员会,提供服务,以担任依本公约由保护国执行之人道的任务。"第二、三、四公约保护的对象分别是:"伤者、病者、遇船难者或医务人员及随军牧师""战俘""受本公约保护之人"。

在这里,《日内瓦公约》依然很明确地将红十字国际委员会列为保护伤者、病者、遇船难者、战俘、平民等诸多战争受害者的组织。但该条款中的"请求或接受"的措辞无论表达的是主动或被动,其实都有强迫实施的意思。也就是说,如果拘留国不主动请求的话,必要条件下要被动接受。这在复杂而又敏感的国际武装冲突中,难免会让人担心由于它规定的中立国插手或如红十字国际委员会的介入会给某些霸权欲望强烈的国家以干涉内政的机会。

（二）《日内瓦公约》第一附加议定书

第一附加议定书第81条"关于红十字会和其他人道主义组织的活动"中规定:

一、冲突各方应在其权力内给予红十字国际委员会一切便利,使该委员会有可能执行各公约和本议定书所赋予的人道主义职务,以便保证对冲突受难者的保护和援助;红十字国际委员会还得进行任何有利于这类受难者的其他人道主义活动,但须得有关冲突各方的同意。

二、冲突各方应给予各自的红十字会（红新月会、红狮与太阳会），以按照各公约和本议定书的规定和国际红十字大会所制订的红十字基本原则进行其有利于武装冲突受难者的人道主义活动所需的便利。

三、缔约各方和冲突各方应以一切可能方式，便利红十字会（红新月会、红狮与太阳会）组织和红十字会协会按照各公约和本议定书的规定和国际红十字大会所制订的红十字基本原则所给予冲突受难者的援助。

（三）《日内瓦公约》第二附加议定书

在日内瓦公约共同第3条的基础上，1977年缔结的《1949年8月12日《日内瓦公约》关于保护非国际武装冲突受难者的附加议定书》（第二附加议定书）进一步对红十字国际委员会在非国际性武装冲突中开展人道主义救援的权利进行了明确。议定书第十八条专门规定了非国际性武装冲突中的救济团体和救济行动：

"一、在缔约一方领土内的救济团体，如红十字会（红新月会、红狮与太阳会）组织，得提供服务，对武装冲突受难者执行其传统的职务。平民居民即使在其自己主动下，也得提供收集和照顾伤者、病者和遇船难者的服务。

二、如果平民居民由于缺少生存必需品，如粮食和医疗用品，而遭受非常的困难，对该平民居民，应在有关缔约一方同意下，进行专门属于人道主义和公正性质而不加任何不利区别的救济行动。"

一般认为，本条第一款适用于发生武装冲突的国家的国内的救济团体，而第二款则适用于国际非政府组织的救援活动。[①] 与共同第3条不同，第二附加议定书第18条第二款对于国际非政府组织在非国际武装冲突中实施国际人道法，做了一些细节性规定。如该款中的"救济

---

①　郑杰.国际非政府组织在非国际武装冲突中对国际人道法的实施.西安政治学院硕士论文，2006.

行动"是限制在"生存必需品"的缺乏条件之上的。另外，救济行动的开展必须征得当事国政府的同意。本款规定适用的对象仅限于平民居民，而不适用于武装部队人员。

（四）经修正的《特定常规武器公约》第二号议定书

本议定书不仅适用于国际性武装冲突，而且适用于非国际性武装冲突。[①] 根据议定书第12条第4款和第5款规定，每一缔约方或冲突当事方在其权力范围内，应采取措施保护执行任务的"红十字国际委员会特派团"和"国家红十字会或红新月会或其国际联合会的任务人道主义特派团"，"旨在免受雷场、雷区、地雷、诱杀装置和其他装置影响的保护"，为其执行任务提供可能的安全通道。这虽然是对红十字国际委员会在内的人道主义团体提供一个安全保障，但可以认为是国际人道法对红十字国际委员会介入国际或非国际性武装冲突的法律认可。

（五）《日内瓦公约》的其他条款

根据《日内瓦第三公约》第73、122、123和126条以及《日内瓦第四公约》第76、109、137、140和143条，国际人道法还明确赋予了红十字国际委员会一些其他权利：如探视战俘或被监禁的平民，并向他们提供救济物资；建立中央寻人局等。

（六）《国际红十字与红新月运动章程》

根据《国际红十字与红新月运动章程》第5条第2款的规定，红十字国际委员会的行动涉及国际性武装冲突、非国际性武装冲突和内部动乱。除此之外，根据《章程》第5条第3款，它还可以在其他局势中提供援助。在这些情况下，红十字国际委员会的任务是向平民和军人受害者提供保护和援助。

---

① 经修正的《特定常规武器公约》第二号议定书第1条规定："3.如果缔约方之一领土上发生并非国际性武装冲突，每一冲突当事方应遵守本议定书的禁止和限制规定。"

二、红十字国际委员会实施人道主义保护和救援的主要措施

保护武装冲突中的平民居民、战俘和伤者、病者是红十字国际委员会的法定职责和义务，为有效履行这些国际人道法赋予的神圣使命，红十字国际委员会往往会根据不同的情形和对象，分别采取不同的保护和救援措施，具体而言：

（一）保护平民

平民是红十字国际委员会实施人道主义保护和救援的主要对象，红十字国际委员会采取的措施主要包括：一是开展经济安全援助行动。红十字国际委员会开展经济安全援助行动的目的，是要确保一个家庭可以自给自足，有能力满足其自身的基本经济需求。在流离失所、盗窃、劫掠和毁坏财产与基础设施行为随处可见的冲突或危机局势下，各个家庭未必再有能力自给自足，从而开始需要依赖来自外部的帮助。在武装冲突环境下开展援助行动的策略方面，红十字国际委员会注重家庭经济的动能，该组织不仅关注满足家庭所有基本经济需求的生产手段，而且也注重提供资源以满足这些需求。尽管某些需求相对而言更为重要（例如食物和水），但是在危机局势下，人们要生存下去，所需的并不仅仅是食物。因此，红十字国际委员会将家庭的一切基本经济需求都考虑在内，包括居所、衣物、烹饪用具和燃料。不仅如此，红十字国际委员会在实施紧急援助的同时，还推动各国建立经济发展计划，从而产生了一个更为广义的人道援助概念，以便能够从紧急援助阶段平稳地过渡到发展阶段，由发展机构接过接力棒，投入资源和人力，以降低经济危机爆发的风险。二是保障必需的饮用水和居住环境。"居住环境"这个术语不仅指的是居所的地界，而且也指其与周边环境以及居住于其间的人们的关系。红十字国际委员会的水与居住环

境计划包括：确保武装冲突受难者获得饮用水和生活用水，保护居民不受因供水和居住系统崩溃而引发之环境危险的危害。三是提供健康服务。红十字国际委员会的健康计划旨在确保冲突受难者获得符合国际公认标准的必要预防保健与医疗。作为冲突的直接后果，人们受到杀戮、受伤或流离失所，医疗系统被摧毁，供应线被切断等的威胁。在冲突最为激烈的期间，受伤、感染传染病或营养不良的人口数量可能会达到高峰值，并迅速突破当地现有医疗服务能力的极限。与此同时，作为冲突的间接影响，卫生设施被摧毁，合格医疗人员不足，医疗物资出现短缺也将随之出现。而这可能意味着，有更多的普通医疗问题被忽视，而且，产前保健、疫苗注射计划以及非急需施行的手术等基本医疗服务也会被置于一旁。因此，红十字国际委员会在对最急迫的需求给予迅速援助的同时，为确保正常的医疗服务得到恢复和维持，对现有的医疗系统予以支持也是极其重要的，具体包括:（1）战地外科手术。红十字国际委员会在治疗战伤方面有着长期的经验，这使得它在该领域有着相当突出的专业性。尽管有一些外籍医务工作人员志愿为红十字国际委员会工作，但他们对于在战地需要的特殊技能和技术却感到陌生，红十字国际委员会的外科医生会对他们进行培训。红十字国际委员会的外科医生还向当地医生传授这些技能，以便使他们有能力在红十字国际委员会医疗队离开后接管并继续治疗伤者。（2）监狱医疗。红十字国际委员会医务工作人员总是陪伴代表一同对监禁场所进行探视，以便对被关押人员的健康状况做出评估，并检查是否存在身体或精神虐待的迹象。执行这些探视任务的医生与护士对监狱医疗的特殊问题（如公共卫生、流行病学、营养需要和维生素缺乏等）都相当熟悉。他们会找出急需加以控制的监狱公共医疗的首要问题。如果某一监狱医疗问题的风险极大以至于超出了监狱当局卫生系统的负载能力，那么红十字国际委员会就会实施相应控制项目，以应对此类问题（如肺结核、艾滋病和维生素缺乏症等）。处理监狱被关押人员的健康问题同样要求医务工作人员具备必要的培训与知识，以便对被关押人员是否遭受过酷刑或其他形式残忍、不人道和有辱人格的待遇等做出恰当的医学评估。（3）整形外科计划。由杀伤人员地雷或其他爆炸性武器所造成的伤害可能导致截肢、严重残疾和心理创伤。此类战伤不但要求在第一时间施行专业手术和术后治疗，而且还要求长期的康复治疗与心理支持。并非所有国家都有能力向因战争致残者提供他们所需的专业治疗和社会福利。在全球范围内，红十字国际委员会设立了大约30家矫形修复器具工厂，它们生产假肢、拐杖和轮椅，帮助截肢者重新获得一定的行动能力，并使许多人同时重新获得经济上的独立。红十字国际委员会注重使用恰当的材料，并对当地员工进行培训，生产备件和新设备。当和平回归时，红十字国际委员会就可以将装备充分且人员充足的工厂移交给当地卫生当局。

（二）保护流离失所者

流离失所者是因躲避武装冲突等原因而在本国范围内避难的人。[①]国际人道法保护那些因国际性武装冲突而流离失所的人们，如赋予其享有获得生存所必需用品的权利。[②] 因国内武装冲突而被迫流离失所的

---

① 《战争中的法律保护——关于国际人道法当代实践的案例、文件与教学资料》，红十字国际委员会东亚地区代表处，2006年，第191页.

② 《日内瓦第四公约》第23款规定：各缔约国对于纯为另一缔约国平民使用之医疗与医院供应品，或宗教礼拜所需物品之一切装运物资，均应许其自由通过，即使该另一缔约国为其敌国。对于供十五岁以下儿童、孕妇与产妇使用之主要食物、衣服及滋补剂之装运，亦应同样许其自由通过。《日内瓦公约》第一附加议定书》第70条"救济行动"中共有五款，也详细列出了对平民居民的救济规则.

人们享有相似的保护，但其规定不太具体。[①]

　　如果人们由于武装冲突之故而在其本国境内流离失所，那么他们就构成了受影响之平民居民的成员。以此身份，他们将获得人道法的保护，并将得益于红十字国际委员会的保护与援助计划。事实上，考虑到许多国内流离失所者可能面临的极不稳定的局势，他们在红十字国际委员会的行动受益人中占据了相当大的比例。每当国家无能为力时，红十字国际委员会就会介入，向流离失所者们提供最急迫的需求。然而，在实施这些行动时，红十字国际委员会认为，流离失所者寄居地资源的紧张状态可能已经因为满足新来者的需要而达到了极限，从而使这些社区的居民也容易受到损害，同时，那些留下来的人们也可能面临极度的困苦和危险。红十字国际委员会正是在考虑了这些情况后决定其援助项目的受益人群。援助是基于援助对象的脆弱性而非属于某一特定群体，这是其中的决定性因素。跨越国际边界而逃亡的人们被视为难民，他们受到联合国难民事务高级专员署的保护和援助。在此情形下，红十字国际委员会只起辅助的作用，尤其是当难民受到国际人道法的保护或该组织被要求充当一个特定中立且独立的中间人

[①] 《日内瓦公约》共同第3条规定：在一缔约国之领土内发生非国际性的武装冲突之场合，冲突之各方最低限度应遵守下列规定：(一) 不实际参加战事之人员，包括放下武器之武装部队人员及因病、伤、拘留、或其他原因而失去战斗力之人员在内，在一切情况下应予以人道待遇，不得基于种族、肤色、宗教或信仰、性别、出身或财力或其他类似标准而有所歧视。因此，对于上述人员，不论何时何地，不得有下列行为：(甲) 对生命与人身施以暴力，特别如各种谋杀、残伤肢体、虐待及酷刑；(乙) 作为人质；(丙) 损害个人尊严，特别如侮辱与降低身份的待遇；(丁) 未经具有文明人类所认为必需之司法保障的正规组织之法庭之宣判，而遽行判罪及执行死刑。(二) 伤者、病者应予收集与照顾。公正的人道团体，如红十字国际委员会，得向冲突之各方提供服务。冲突之各方应进而努力，以特别协议之方式，使本公约之其他规定得全部或部分发生效力。上述规定之适用不影响冲突各方之法律地位。《日内瓦公约第二附加议定书》重申并扩张了共同第3条所确立的规则．

之时（例如，在对难民营发动攻击期间）。①

（三）保护被关押者

在国际性武装冲突中，《日内瓦公约》承认红十字国际委员代表拥有探视战俘以及被剥夺自由之受保护平民（包括平民被监禁者）的权利。冲突一方如果阻止红十字国际委员会代表履行其使命，将构成违反国际人道法的行为。在非国际性武装冲突和国内动乱局势下，《日内瓦公约》共同第3条以及红十字与红新月运动章程分别授权红十字国际委员会提供探视被关押者的服务，而且也有许多政府都接受了此项提议。

红十字国际委员会有关保护被关押者的工作职责有：预防或终结失踪、即决处决、酷刑和虐待；恢复被中断的家庭联系；必要时根据相关法律改善关押条件。②

红十字国际委员会通过探视关押场所来履行上述职责，以此形成调查报告，并在调查结论的基础上秘密接洽当局机构，并在必要时向被关押者提供物资或医疗援助。

在探视期间，红十字国际委员会代表与每一位被关押者单独会谈。他们记录下被关押者的详细情况，以便可以跟踪了解他们的情况直至其获释；被关押者则可以描述他们面对的一切人道问题。

红十字国际委员会在近视期间始终保持中立者的身份，他们并不对被关押者们被拘留或俘获的原因发表见解，但仍尽力确保被关押者们能够获得他们根据国际人道法有权享有的司法保障。在开始探视关押场所之前，红十字国际委员会首先向当局提交一套标准条件，以确

---

① 战争中的法律保护——关于国际人道法当代实践的案例、文件与教学资料. 红十字国际委员会东亚地区代表处，2006：378.

② 战争中的法律保护——关于国际人道法当代实践的案例、文件与教学资料. 红十字国际委员会东亚地区代表处，2006：380.

保红十字国际委员会代表被许可从事以下活动：①会见所有红十字国际委员会职责范围内的被关押者，并被许可进入关押他们的一切场所；②无人在旁情况下挑选会见被关押者；③在探视期间列出红十字国际委员会职责范围内的被关押者名单，或者由当局处接受类似名单，并在必要时审查这一名单的完整性；④根据他们认为必要的频度对其选定的被关押者重复探视；⑤恢复家庭联系的工作；⑥根据需要提供紧急物资和医疗援助。

（四）协助恢复家庭联系

红十字国际委员会的中央寻人局致力于在一切武装冲突或内乱局势下重建家庭联系的工作。每年都会有数十万件新的寻人案，涉及的人既包括流离失所者、难民、被关押者，也包括失踪者。中央寻人局通过由超过180个国家红会组成的全球网络，使那些被找的人得以有机会寄送或接收红十字的通信并（或者）与家人取得联系。红十字国际委员会认为，重建家庭联系工作包括为失散家人提供电话服务，使他们能够交换信件，为特定情况创建网站，回应个人寻人请求以及帮助家人重聚。我们的工作还包括收集、管理和传递死者和失踪人员信息。①

在国际性武装冲突中，红十字国际委员会的中央寻人局履行国际人道法为其分配的职责，②即收集、处理和传送有关被保护人（尤其是战俘和平民被关押者）的信息。对被关押者及其家人而言，获得亲人下落的消息总是无比重要的。在各种各样的背景下，红十字国际委员

---

① 旨在巩固重建家庭联系工作的十年战略，2009年5月28日。源自红十字国际委员会官方网站

② 2010年，中央寻人局成立50周年，红十字国际委员会公布了2009年的一些事实和数据：红十字国际委员会探视了共关押着479669人的多个拘留场所。超过2.8万名被拘留者从红十字国际委员会的家人探望项目中获益。该组织收集并分发了25.3万封红十字通信；在家庭联络网上公布了超过8.3万个名字；为与家人失散之人提供便利，拨打了1.2万多通电话；帮助1063个家庭实现团聚；处理45605个寻人请求，包括新近提交的寻人请求．

会都给予了战俘、受保护的平民、因安全原因被关押之人与其亲属通信的机会，有时甚至是普通法律上的被关押者也被给予了这样的机会。

维护家庭联系是一项受法律保障的普遍权利。红十字国际委员会竭尽所能寻找因冲突而离散之家庭成员的下落，并使其与家人团聚。该组织尤其关注那些特别脆弱的人群，如无人陪护的儿童或老人。在某些情况下，对一个失去身份证明且极度穷困的人而言，红十字国际委员会提供的旅行证明是他与在第三国安身的家人团聚或返回其故乡的唯一凭证。难民与寻求庇护者的数量不断增长，这就意味着，红十字国际委员会越来越多地被请求为那些已经获准在寄居国定居之人开出旅行证明。[①]

第三节　红十字国际委员会在实践国际人道法中的新进展及挑战

尽管红十字国际委员会在实施国际人道法方面拥有被国际社会认可的职权，并允许采取一定的特殊保障措施，但由于相关规定不完善，红十字国际委员会受自身的一些原则、特点制约等，导致红十字国际委员会在实践国际人道法中也面临许多突出的难题，有些难题甚至已经成为影响红十字国际委员会前进的绊脚石。

一、保护平民工作

尽管国际人道法规定攻击只能指向战斗员和军事目标，平民应受

---

① 战争中的法律保护——关于国际人道法当代实践的案例、文件与教学资料. 红十字国际委员会东亚地区代表处，2006：380.

到尊重，但平民已逐渐成为武装冲突最主要的受难者。[1] 红十字国际委员会在实施平民保护中面临着突出问题。

（一）红十字国际委员会在保护平民方面面临的问题

1. 对平民概念的界定不明确

保护平民是国际人道法的核心内容之一。平民之所以受到保护，是因为他们不直接参加战争或武装冲突。这里特别强调"直接"，是因为如果从战争史看，或从广义上理解，平民百姓与战争总是有一定的联系，如粮食生产、军工武器的制造、军事设施的建设，等等。然而，所有这些行为与国际人道法里界定的军事意义上的作战人员是有区别的。在传统战争法上，只有那些在战场上拼杀的军人才是法律意义上的作战人员。然而，传统战争法意义上的"作战人员"在非对称战争中发生了很大的变化。一方面，越来越多的民众参加到武装冲突中来；另一方面，由于现代战争科技的要求越来越高，这就使得在军用和民用协调机制中的参加人数迅速扩大，军、民之间的界线越来越不好区分，也使得在现代武装冲突中保护平民的问题变得越发困难。不少学者指出，军民之间难以区分的问题，不仅给从事武装冲突的部队带来难题，而且还给其他没有直接参加作战行为的平民带来难题。[2]

---

[1] 有一组来自联邦平民保护办公室（瑞士伯尔尼，1988）的数据显示，第一次世界大战 (1914–1918年) 中，军队与平民的死亡比例为1000万：5万；第二次世界大战 (1939–1945) 中的军队与平民死亡比例上升为2600万：2400万；在朝鲜战争 (1950–1953年) 中，军队与平民的死亡比例达到10万：50万；越南战争中，军队与平民的死亡比例为15万：300万。见 Marco Sasso`li and Antoine A. Bouvier, How Does Law Protect in War? International Committee of the Red Cross, Geneva 2006, p.171.

[2] 2009年6月，《红十字国际评论》专门就在新形势下如何保护平民开辟了一个专栏，题为"战争受难者" (War victims)。里面具体讨论了"贯彻国际人道法与保护战争受难者的机制与方法" (Various mechanisms and approaches for implementing international hu.manitarian law and protecting and assisting War victims) 等问题。

根据国际人道法的基本原则，平民之所以享有受到保护的权利，是因为他们不参加作战，是中立的。反过来，如果参加了作战，也就成了敌方军事行动的目标，自然也就丧失了受保护的权利。第一附加议定书第五十一条第三款和第二附加议定书第十三条第三款规定，"平民个人除直接参加敌对行为并在参加期间外，应享受本部所给予的保护"。也就是说，对平民的合法攻击是因为该平民"直接参加"敌对行动。尽管"直接"参加作战在法律上具有如此重要的意义，而且国际人道法里也有关于直接参加作战后果方面的规定，但究竟怎样的情况才算是"直接"参加武装冲突？ 1949年日内瓦四公约及其1977年两个附加议定书对此却都没有一个界定。那么，到底什么样的人属于法律上可以受到保护的"平民"？而什么样的行为构成"直接"参加作战行为？鉴于这个问题的重要性，国际红会从2003至2008年组织了多次专家讨论会，并在这些讨论的基础上于2009年2月26日通过了一个"解释指导"（Interpretive Guidance）。它虽然不是国际法意义上的法律文件，也不具有法律拘束力，但对于应如何理解何为"直接"参加作战行动方面，提供了一些参考性的意见。这当然也是国际社会对"不对称战争"现象努力的结果。

2. 保护平民的规定不完善

1949年在日内瓦签订的《关于战时保护平民之《日内瓦公约》（第四公约），是第一部全面专门规定战时平民居民保护和待遇的公约，是保护平民居民国际人道主义的基础和主体。公约共有159条正文和3个附件，是在1899年海牙第2公约和1907年海牙第4公约附件中一些零散的保护平民的条文的基础上补充和发展起来的。公约明确规定了处于冲突一方权力下的平民居民应受到保护和人道待遇的原则和规则，明确各缔约国有义务搜捕被指控犯有或指使他人犯有严重破坏条约行为的人员，并送交法庭审判，基本确立了战时保护平民居民的国际法规范。但它也仍存在缺陷：未涉及被占领区以外对平民居民的保护，未能对作战方法和手段做出限制，将非缔约国的平民居民、属于与所在国保持外交关系的中立国和共同作战国的平民居民排除在保护之外，公约第5条赋予占领国剥夺保护人应受公约保护的权利，关于一般保护的规定削弱了平民居民应受保护的权利。[①]

　　同样，1977年签订的两项《日内瓦公约》附加议定书》使战时保护平民居民的国际规范取得了重大进展。第一议定书归纳和确立了区分原则、比例原则、生存原则和保护自然环境的原则，还规定冲突各方在任何情况下须向平民居民提供必要的救济。第二议定书更是详细地规定了第一议定书未包括的某种规模的内部武装冲突中对平民居民的保护。但第一议定书也存在不足：在对作战方法和手段的限制中，未明确禁止使用核武器，第49条关于议定书"不影响适用于海上或空中武装冲突的国际法规则"也限制了其适用范围。[②]

（二）对红十字国际委员会实施保护平民工作的评价

　　红十字国际委员会在保护平民的长期实践中，做出了重大的贡献，在推动国际人道法保护平民立法方面做出了积极的努力。但在两次世界大战中，由于保护平民的国际规约远远滞后于战争的局面，因此红十字国际委员会一度无法可依，致使工作陷入困境。另外，由于工作重心的偏向，红十字国际委员会在第二次世界大战中出现了这样的情况：一方面在欧洲战场向约17万平民提供了与战俘的同等待遇，一方

---

① 王可菊主编.《国际人道主义法及其实施》之顾德欣："成就与挑战：红十字国际委员会对平民居民的保护"，社会科学文献出版社，2004：61.

② 王可菊主编.《国际人道主义法及其实施》之顾德欣："成就与挑战：红十字国际委员会对平民居民的保护"，社会科学文献出版社，2004：63.

面对中国的南京大屠杀中平民的悲惨遭遇毫无作为；一方面向欧洲16个国家提供16.5万吨、价值31.4亿瑞士法郎的救济物品，一方面对德国法西斯残忍地对待犹太人采取沉默的态度。如此种种，使得红十字国际委员会的形象受到严重损坏。

另外，在"冷战"初期，红十字国际委员会宣称要超越政治，中立、公正和独立地开展工作，但在实践中却向西方发达国家倾斜，并因此而未能在亚洲的几场战争中发挥积极作用。由此可以看出，一贯以保持独立、公正和中立为原则的红十字国际委员会，在面对强权和组织利益时，难免会偏离自己的预定主线。

二、探视中的保密原则

根据《日内瓦公约》及其附加议定书的规定，以及国际红十字与红新月运动章程，红十字国际委员会也可要求接触在不构成武装冲突的暴力局势下被拘留的人。探视的目的包括：①确保被拘留者的生命、尊严以及获得法律保护的基本权利得到尊重；②预防虐待；③红十字国际委员会能够掌握被拘留者下落；④就必须改进的拘留条件向当局提出建议。红十字国际委员会将这些观察结果列入与拘留当局进行的秘密对话之中。在此过程中，红十字国际委员会承诺坚持保密原则，根据该原则，红十字国际委员会在探视武装冲突中被拘留者时，不向外公布被拘留者境遇。数据表明，保密是红十字国际委员会工作的基础，保密原则使红十字国际委员会能够接近武装冲突和其他暴力局势受难者。[1]红十字国际委员会每年探视几十万名被拘留者，正是在坚持保密原则的前提下实现的。

---

[1]　弗洛里安·韦斯特法尔.铁窗背后 [J]. 红十字与红新月杂志，2006(1).

（一）遵守探视中的保密原则面临的问题

正如帮助战争受难者为其带来的巨大国际声誉一样，红十字国际委员会在坚守保密原则方面，也面临着巨大的道义压力。越来越透明的事件处理方式，使红十字国际委员会总是被动地扯进来站在事件的旁边，接受媒体和舆论的指责。红十字国际委员会这个历来遵循保密原则的组织也不得不一步步地走向公开和做出解释。红十字国际委员会与有关当局进行秘密对话，而不公开调查结果，虽然有助于获准出入拘留场所，但有关政府不必公开承认其过失，不接受批评，那么探视和调查无意义，甚至让人们以为红十字国际委员会的沉默是对有关当局非法行为的认可，该组织的独立性及中立性就会受到严重质疑。

保密原则有其固有的局限性。正是因为红十字国际委员会能进入到拘留场所，参与其中，并愿意采用保密这种工作方式，当局才同意就敏感问题、如酷刑事件进行讨论，才会承诺善意的处理这些问题。但有时，红十字国际委员会的这种工作方式有可能被当局者利用。也就是说，当局者可以利用红十字国际委员会的保密原则，无视红十字国际委员会的探视报告和提出的建议，我行我素。

红十字国际委员会还有另一种难堪，那就是当红十字国际委员会坚守自己的保密原则的时候，总会有一些不合时宜的报道出现，如关于美军"虐囚"的报告被泄露。2009年3月17日在美国一家网站上，出现了"红十字会密报：美军又虐俘"为标题的新闻。这些报告的泄漏，让红十字国际委员会的保密原则受到质疑，但同时，也有人认为泄漏报告是红十字国际委员会暗中纵容的有心之举，在他们看来，红十字国际委员会被授予了可以秘密检查战俘和其他被拘留者条件的特权，但它通过用媒体泄漏报告来达到损害一些主权国家的目的，因此建议有关国家重新考虑红十字国际委员会的作用。这使得红十字国际委员会在保密原则方面显得腹背受敌。在今后相当长的一段时间里，这一矛盾会更加突出和激烈。

（二）遵守探视保密原则问题的应对措施

红十字国际委员会的保密原则未来如何，不仅仅关系到被拘留者的尊严与生命，还关系到人道主义机构在国际社会中的地位与导向。总的判断是，不可能指望红十字国际委员会放弃保密原则。毕竟，在红十字国际委员会代表探视被拘留人士的行动中，保密原则是至关重要的，红十字国际委员会对保密的依赖几乎是一种宗教信条。多年的经验表明，保密原则使红十字国际委员会可以与有关当局在相互信任的氛围中进行开诚布公的谈话，这样更有利于找到合适的解决方案，并避免公开讨论后随之而来的政治化风险。因此，红十字国际委员会在每一份报告中都强调，报告的内容是严格保密的，且对象仅为报告所提交的当局。无论是整份报告还是其中的一部分均不能将其泄露给第三方或公之于众。[①]

对此，红十字国际委员会的立场十分明确：红十字国际委员会将继续就有关被剥夺自由之人的待遇和他们的关押条件等所有事项所做出的观察结论，向有关国家当局直接提交具有保密性的报告。除严格地并且以专业精神履行国际社会所赋予的职责外，红十字国际委员会并不具有其他方面的目标，任何有关该组织的保密性政策被用于"意识形态"用途的暗示都是错误的。

假设红十字国际委员会放弃保密原则，对拘留当局持一种强硬的姿态，可能会使当局阻碍红十字国际委员会与被拘留者接触，特别是在当局对批准探视并无法律义务的情况下，那么高墙内的情况外界无

---

① 红十字国际委员会，《在发生违反国际人道法或暴力局势中保护人们的其他基本规则的行为时红十字国际委员会所采取的行动》，《红十字国际评论》，2005年文章选集，第858期.

从知晓，事情也许会变得更糟。就目前来讲，的确没有哪一个组织可以像红十字国际委员会那样接触全球的被拘留者。这些工作不单对国际社会很重要，对被拘禁者来说，也是弥足珍贵的。在媒体关注焦点之外工作常常使红十字国际委员会及拘留当局更容易在拘留场所中取得实际进展。[①]

红十字国际委员会保密原则应该被严格遵循，同时也应该被灵活遵循。红十字国际委员会上百年的工作经验告诉我们，向外界泄漏高墙里的内幕对被拘留者在暂时是有帮助的，被拘留者愿意看到他们的处境被公之于众，以盼望被虐待的境遇中止或改善。但从长远看来，这种泄漏行为可能会导致更隐蔽的虐囚行为和更难获得的被拘留者信息。所以红十字国际委员会在遇到这种情况时，是否要公开一些信息，以及什么时候向公众宣布，都需要谨慎地考虑。从2004年曝光的"虐囚事件"中，我们除了看到红十字国际委员会对保密原则的坚持外，没有看到他们在事件过程中采取的处理措施，这也正是国际社会和媒体对他们的质疑之处。红十字国际委员会多次提到他们的保密原则不是无条件的，当他们的报告和建议未达到有效时，他们会选择公开他们所看到的情况。但红十字国际委员会从未这样做过，保密原则被严格地遵循了，但没有被灵活地遵循。对此我们建议，当出现如下情况时，红十字国际委员会可采取公开报告等行动，以表达他们的忧虑：①红十字国际委员会已用尽对话等方式，拘留当局仍拒绝接受人道对待被拘留者的要求；②红十字国际委员会对拘留当局提出两次或两次以上要求后，被关押者依然受到虐待；③拘留当局拒绝红十字国际委员会的探视要求，并有虐待被拘留者的迹象；④拘留当局恶意公布事件相

---

① 因武装冲突和反恐战争被美国关押的人员——红十字国际委员会的作用。源自红十字国际委员会网．

关信息，蒙蔽公众，别有用心等。

三、在国际刑事法庭的作证豁免权问题

国际刑事法院成立于 2002 年，其主要功能是对犯有灭绝种族罪、危害人类罪、战争罪、侵略罪的个人进行起诉和审判。国际刑事法院成立的基础是 2002 年 7 月 1 号开始生效的《国际刑事法院罗马规约》，到 2010 年 3 月，已经有 111 个国家签署了《国际刑事法院罗马规约》，成为国际刑事法院的成员国，另外有 37 个国家签署了该规约，但是并未得到各自国家立法机构的批准。[①] 根据现在已经被广泛认可的国际刑事司法实践，红十字国际委员会在国际刑事法庭（院）的作证方面享有特殊的权利，这可以被称作国际刑事司法实践的特例。而这一特例反映出的不仅是红十字国际委员会所坚持的中立、独立原则，也说明红十字国际委员会的特殊性质和地位。但在实践中，红十字国际委员会又常常在惩罚犯罪时是否作证的问题而陷于矛盾中。

（一）红十字国际委员会支持国际刑事法院的建立

成立国际刑事法院最初是 1989 年由南美国家在联合国大会提出的。1994 年，联合国国际法委员会根据联合国大会的指示提出草案，并交给联合国第六委员会进行审议。同年的联合国大会讨论并成立了关于"成立国际刑事法院预备委员会"机构。1998 年 6 月至 7 月，在意大利罗马召开了关于成立国际刑事法院的外交会议，讨论并最后通过了《国际刑事法院的规约》。2002 年 7 月 1 日，国际刑事法院正式成立。

红十字国际委员会支持国际刑事法院的建立并积极参与了有关的

---

① 作为联合国安全理事会常任理事国的中国、俄罗斯和美国，以及以色列均未加入该规约。美国曾在 2000 年 12 月 31 日签署罗马规约，但在国会批准前取消签署.

协商活动。在前南国际刑事法庭[①]的决定公布之前，红十字国际委员会内部曾就如何在国际刑事法院更好地确保其情报的保密性问题进行过很多讨论。因为《国际刑事法院规约》已于1998年7月在罗马通过，在该规约中增加一个条款问题已为时过晚，因此红十字国际委员会认为，可以在《程序和证据规则》的草案中包括一项确保红十字国际委员会在其活动中所获得的某些情况的保密性的一般性条款。[②]1999年8月13日，红十字国际委员会向在纽约召开的筹备委员会的第2次会议提出了此要求，并提交了如下理由：①在执行任务时，红十字国际委员会是在维持保密关系的基础上获得情报的；②保密性是红十字国际委员会与交战各方保持关系的重要前提；③培养这种关系有利于维护国际社会的利益，这一点已得到普遍承认（尤其是得到了《日内瓦公约》及其附加议定书的承认）；④违反红十字国际委员会的保密原则披露这些情报会给红十字国际委员会履行其职责的能力，因而也对国际社会的公共利益造成不可弥补的损害。[③]

经过多次谈判后，筹备委员会于2000年6月30日一致通过了《国际刑事法院程序和证据规则》。

---

① 前南斯拉夫问题国际刑事法庭设在荷兰海牙，是联合国安全理事会的附属机构之一。1993年，联合国安理会审议和通过了第808号决议，表示深信在前南斯拉夫的特殊情况下，成立一个国际法庭，制止严重地违反国际人道主义法的行为，对犯有这种罪行的人绳之以法，有助于恢复与维持和平。同年5月25日，安理会通过了附有《前南国际法庭规约》的第827号决议，前南法庭成立，专门负责审判自1991年以来在前南联盟境内违反国际人道主义法律的犯罪嫌疑人。截至2005年6月，前南法庭已由成立之初只有13名工作人员发展成为拥有来自74个国家共1061名工作人员的庞大机构，开创了由国际法庭审理国内战争罪犯的先例.

② 王可菊主编，《国际人道主义法及其实施》之斯蒂芬·让内："红十字国际委员会在国际刑事法院的作证问题"，社会科学文献出版社，2004年版，第222页。

③ Jeannet，注3，第406–408页。转引自王可菊主编，《国际人道主义法及其实施》之斯蒂芬·让内："红十字国际委员会在国际刑事法院的作证问题"，社会科学文献出版社，2004年版，第222页.

（二）红十字国际委员会的作证豁免权

1. 国际刑事法庭中关于作证的规定

在联合国前南国际刑事法庭的规约和《证据和程序规则》中，都有要求国家合作、强迫证人出庭作证的规定。由于前南国际刑事法庭是由联合国安理会根据《联合国宪章》第7章通过的决议成立的，联合国所有会员国有义务根据《联合国宪章》的规定[1]与前南国际刑事法庭合作并提供协助。根据前南国际刑事法庭规约的规定，各国应与国际法庭合作的范围包括：查人找人，录取证词和提供证据，送达文件或将被告移送给国际法庭，等等。[2]当证人来到海牙出庭，如果拒绝回答法庭的问题，法庭根据《证据和程序规则》的有关规定，可以将其拒绝作证视同对法庭的藐视。而一旦法庭认为其在藐视法庭，就可对该证人处以不超过20000荷兰盾的罚金或不超过6个月的监禁。[3]

国际刑事法院《证据和程序规则》第65条第1款规定，"在法庭出庭的证人，如果没有享有规则第73、74和75条中所规定的特权，可被法庭强迫作证"。针对有些比较执拗的证人拒绝作证的情况，《证据和程序规则》第171条关于"拒绝服从法院的指示"的条款，规定了对拒绝作证的证人，法院可采取制裁措施。这些措施包括可高达2000欧元的罚款，并保留法庭在拒绝期间进一步追加罚款的可能性。此外，国际刑事法院和前南国际刑事法庭为了保证法庭审案的公正结果，也都在各自的《证据和程序规则》中做出可以强迫证人出庭的规定。同时还规定，如果不享受法定豁免权的证人拒绝出庭，法庭可以给予惩处。

---

[1] 《联合国宪章》第24条规定："为了保证联合国行动迅速有效起见，各会员国将维持国际和平及安全之主要责任，授予安全理事会，并同意安全理事会履行此项责任下之职责时，即系代表各会员国。"第25条规定："联合国会员国同意依宪章之规定接受并履行安全理事会之决议。"

[2] 见前南斯拉夫国际刑事法庭规约第29条"合作与司法援助"。

[3] 见前南斯拉夫国际刑事法庭《证据和程序规则》第77条.

2. 红十字国际委员会的作证豁免权规定

2002年7月1日成立的国际刑事法院，在其制定通过的《证据和程序规则》里，给予红十字国际委员会在作证方面的豁免权。国际刑事法院《证据和程序规则》第73条的标题为"法律上特许不予泄露的内情"，它规定了几种类别的职业关系中的保密问题。第73条第1款规定一个人与其律师之间的通讯属于法律上特许不予泄露的内情。第2款和第3款规定：法院可以认为其他职业关系或保密关系中的通信为法律上特许不予泄露的内情。在这方面，特别应该考虑病人和医生、精神病医生、心理学家、心理咨询专家之间的关系以及一个人和他的牧师之间的关系。最后，第4至6款专门为红十字国际委员会做出了规定：

"4. 法院应将红十字国际委员会在按照《国际红十字和红新月运动宪章》履行其职责的过程中或因履行这种职责而获得的情报、文件或其他证据作为法律所保护的内情，因此不得以任何方式，包括通过红十字国际委员会的现任或前任官员或雇员在法院作证的方式，加以披露，除非：

（1）在按照第6款进行协商之后，红十字国际委员会以书面方式声明不反对泄露这些情报，或以其他方式放弃了这一权利；或

（2）这种情报、文件或其他证据已出现在红十字国际委员会的公开声明或文件之中。

5. 如果其他组织或个人以独立于红十字国际委员会的方式获得的证据与红十字国际委员会所获得的证据相同，那么第4款中的任何规定都不得影响法院采纳这些组织或个人所获得的证据。

6. 如果法院认为红十字国际委员会所掌握的情报、文件或其他证据对某一特定的案件有着极为重要的意义，那么它应该与红十字国际委员会进行协商，以寻求通过协商的方式解决这一问题。在协商过程中

应考虑到案情、法院所寻求的证据的相关性、从红十字国际委员会以外的消息来源获得该证据的可能性、公正和受害者的利益以及法院和红十字国际委员会的职责的履行等。"①

可以看出，在《国际刑事法院规约》里，律师和当事人之间的通讯有受保护的特权，医生（包括心理医生）与病人之间，以及与牧师之间行使职业的通讯联系等也有受保护的特权，但这些特权与国际刑事法院给予红十字国际委员会的作证豁免权是无可比拟的，这种"绝对豁免，是出乎寻常的"。②《国际刑事法院规约》的规定实际上禁止了法院使用红十字国际委员会所掌握的任何保密情报，包括要求红十字国际委员会的前任或现任代表在法庭作证或接受他们的证言，除非该组织明确放弃这一权利。③

3. 红十字国际委员会基本原则是作证豁免权的缘由

前南斯拉夫国际刑事法庭或国际刑事法院，决定或规定给予红十字国际委员会以作证豁免，与红十字国际委员会的特殊性质和地位有着密切的关系。

红十字国际委员会在其出版物中反复强调："红十字国际委员会是一个公正、中立和独立的组织，其特有的人道使命是保护战争和国内暴力事件受难者的生命与尊严，并向他们提供援助。"④红十字国际委员会作为国际人道法的实践者与监督者一直坚持独立性、公正性和中立

---

① 转引自王可菊主编，《国际人道主义法及其实施》之斯蒂芬·让内："红十字国际委员会在国际刑事法院的作证问题"，社会科学文献出版社，2004年版，第224页.

② 朱文奇. 国际人道法 [M]. 北京：中国人民大学出版社，2007：434.

③ 这一规定并不包括所有情报，而只是那些与红十字国际委员会的职责有关的情报。

④《走近红十字国际委员会》，红十字国际委员会东亚地区代表处，2007年版；《红十字国际委员会的使命与工作》，红十字国际委员会东亚地区代表处，2010年；《法律与实践的融合》，红十字国际委员会东亚地区代表处，2009年等出版物中均有"使命"的声明.

性的态度，它从不与其他非政府组织或团体分享情报或资料，在战争或武装冲突中保护战争受难者时，其行动也是独来独往的。为了能在国际上形成一个公正和独立的印象，即便是在其工作人员屡屡遭到枪杀的情况下，红十字国际委员会仍然坚持这一立场和习惯做法。[①] 正如前文所述的红十字国际委员会向筹备委员会提出的法庭作证豁免理由一样，红十字国际委员会的特殊性质和地位使其坚守自己公正、独立、中立的态度，并坚持保密原则的一贯性。正是中立和独立原则，决定了红十字国际委员会的工作性质具有保密性。如果没有作证豁免，保密性也无从谈起。另外，红十字国际委员会认为，不披露情况是该组织能继续存在和开展活动的先决条件，因为对红十字国际委员会来说，法庭需要披露的证据是红十字国际委员会代表在有关国家或作战团体允许其进入武装冲突区域，并在进行人道活动的过程中获得的。而如果在武装冲突中的国家和作战团体，事先得知红十字国际委员会将披露其代表所目睹的武装冲突中发生的违反国际人道法的行为，那就不会同意红十字国际委员会的代表进入该武装冲突区域。这也是红十字国际委员会不愿意向联合国国际刑事法庭和国际刑事法院披露其所掌握情况的原因和理由。

（三）对红十字国际委员会的作证豁免权评论

作为惩治、预防和制止严重违反国际人道法行为的一种手段，国际刑事追诉已经成为被优先选择的行动模式之一，受到各个国家、国际组织和民间社会的几乎一致支持，而国际刑事法庭已经开始运转这一事实无疑改变了全球人道环境的面貌。[②]

---

① 朱文奇.国际人道法 [M].北京：中国人民大学出版社，2007：435.

② 阿娜玛丽·拉罗萨.人道组织与国际刑事法庭：尝试方枘圆凿 [M].廖凡，译.国际人道法文选（2006）.法律出版社，2008：102.

红十字国际委员会在是否出庭问题上曾面临着两难处境。一方面，他们不能忽视国际刑事诉讼实践对国际人道法更多尊重的重要作用；另一方面，他们又不愿因被发现在司法程序中合作而使其一线工作陷入危险。

有些观点认为，国际刑事法院是一个独立、中立性质的国际司法机构，任何人或任何团体都不应具有高于国际刑事法院的权力，因此红十字国际委员会可以逐案向法院申请作证豁免，但是否被认可，则应由法院来决定，并且红十字国际委员会没有理由要求比主权国家更多的特权。[①] 红十字国际委员会的观点是，如果最后决定权不在红十字国际委员会方面，而是在国际刑事法院方面，那红十字国际委员会的豁免特权就没有绝对的保证。

朱文奇教授提出："在作证方面享有特权，有悖于刑法基本原则。因为只有当法庭在获得并审查了所有与案审有关的证据后，才能弄清事实真相，正义才有可能得到伸张。同样，只有与案子有关的所有证据都具有在法庭呈现的可能性，公正才有可能被伸张。而作证豁免，是阻止法庭获得所有有关证据的特权。"[②] 朱教授虽然对红十字国际委员会享有豁免权是认可的，但从法理角度分析，他的言语透露出对豁免权的一丝质疑。但同时朱文奇教授又说："红十字国际委员会在其工作性质上，是一个贯彻执行国际人道法、在武装冲突中保护战争受难者的国际组织。它经常是有关国际人道法罪行的唯一见证者。比如1994年4月至7月在卢旺达的国内武装冲突中所发生的大屠杀，红十字国际

---

① Stephane Jeannet, Testimony of the ICRC Delegates before the International Criminal Court, International Review of the Red Cross, Vol. 840, (Dec 31, 2000), 996, p.998. 转引自朱文奇. 国际人道法 [M]. 北京：中国人民大学出版社，2007：451.

② 朱文奇. 国际人道法 [M]. 北京：中国人民大学出版社，2007：454.

委员会就是唯一留在卢旺达领土内的国际救援组织和非政府机构，也只有它才了解当时所发生的严重违反国际人道法的行为。因此，如果红十字国际委员会是某一特定案子的唯一见证者，而该案所被追诉的罪行，又属国际法上极其严重的罪行，则不排除红十字国际委员会在平衡司法正义和本组织活动两方面的利益后，在个案中主动但也属于特殊情况地做出向国际刑事法庭或国际刑事法院披露一些情况的决定。"①

无论是前南国际刑事法庭的案审决定，还是国际刑事法院的《证据和程序规则》，对红十字国际委员会的豁免权的规定体现了红十字国际委员会特殊的性质和地位，也反映出红十字国际委员会这个不过问政治的非政府组织对政治的掌控炉火纯青。

我们的建议是，如果红十字国际委员会采取坚定的态度行使其在国际刑事法庭的作证豁免权，那么最好将涉及司法合作的问题纳入协调一致的行动战略框架，也就是说，让所有相关当事方对于其采取的行动模式有更为清晰的认识，对其采取的行动结果有更为可靠的预测。这也许可以避免法庭作证问题给人道环境带来的不利影响。

四、红十字国际委员会的活动与国家管辖权的关系

（一）国际法有关国家管辖权的规定

管辖权是国家主权的根本体现，它是全部国际法原则、规则和制度的核心。管辖权制度使各国在行使管辖时形成平衡，从而保障国家间的独立和平等，同时保障各国的人、物和事件不受不合理的管辖权的干扰。从国际法的角度讲，管辖权是国家的一项基本权利，是指国际通过立法、司法和行政等手段对本国领土范围之内和或之外的一定

---

① 朱文奇. 国际人道法 [M]. 北京：中国人民大学出版社，2007：454—455.

的人、事、物进行管理和处置的权力。[①] 随着国家间交往的增加及全球化趋势的发展，国际社会越来越需要一个可以对国家管制人、物和事件的范围进行合理规制的制度，因此，在国际间几百年不断的冲突和妥协中，特别是在"二战"后的几十年的磨合中，国际社会形成了能够被多数国家承认和遵循的国际法上的管辖权制度，这就是属地原则、属人原则、保护性管辖和普遍性管辖四大基本原则的由来。

属地原则是指国家由于其属地权威，对国家领土内的一切人、物和事享有完全的和排他的管辖权。即国家的属地优越权。虽然国家还有其他依据对人和物行使管辖，但与属地管辖相比属于派生的或次要的，并且要受属地管辖权的限制。1949年，联合国大会通过的《国家权利和义务宣言草案》第二条对国家管辖权规定"各国对其领土以及境内之一切人与物，除国际法公认豁免者外，有行使管辖权之权"。[②] 属人原则在国际法理论上包括积极的属人管辖和消极的属人管辖，是指国家对于具有本国国籍的人的管辖，不论有关的行为发生在何处。保护性管辖是指以保护本国的重大利益为基础对外国人在该国领域之外的对该国国家或其国民的犯罪行使管辖的权力。普遍性管辖是指国家根据国际法对于某些特定的国际罪行无论罪犯的国籍如何也不论犯罪于何地，而实行的管辖权，如海盗罪、战争罪、反人类罪等。[③]

（二）红十字国际委员会活动冲击国家管辖权

红十字国际委员会的使命是"保护武装冲突和其他暴力局势受难者的生命与尊严，并向他们提供援助"。[④] 该组织还指导和协调国际援助

---

① 周忠海. 国际法 [M]. 北京：中国政法大学出版社，2004：190.
② 王铁崖，田如萱主编. 国际法资料选编 [M]. 北京：法律出版社，1982：45.
③ 申佑. 国际法中的管辖权的冲突 [J]. 湖北成人教育学院学报，2004（3）.
④ 走近红十字国际委员会. 红十字国际委员会东亚地区代表处，2007：53.

工作以及推广和巩固人道法和普遍人道原则的工作。根据《日内瓦公约》及红十字国际委员会的章程，该组织的核心工作包括：监督交战方对《日内瓦公约》的遵守情况；组织对战场伤员的救护工作；监督战俘待遇并与拘留当局进行保密交涉；协助搜寻武装冲突中的失踪人员（寻人服务）；组织对平民的保护和救护工作；在交战方之间发挥中立调解者的作用。也就是说，这些工作要进入战场，进入某国的拘留所，进入受战争影响的平民的国家等。

传统的国家管辖权观念认为：一国管辖权是其主权的象征，对内是最高的，对外是独立的、平等的，是一种绝对的、永久的、不可分割的、不可让渡的权利。然而，随着国际人道法的发展，保护战争中的受难者已经成为国际共识，依据原有的绝对管辖权观念，任何国家、任何包括红十字国际委员会在内的国际组织都无法对一国范围内的事务行使管辖权。这必然会严重制约和影响国际法的作用，甚至于使国际法成为国家主权的附庸。因此，一旦武装冲突发生并出现人道灾难之时，原有的国家管辖权与红十字国际委员会的救助义务发生冲突，这种冲突不仅表现在对管辖权的认识上，也表现在一国是否认可国际人道法所赋予的红十字国际委员会特殊的身份与地位，而因此导致属地管辖权主张的冲突。

（三）红十字国际委员会与国家管辖权争端的解决路径

1.各国在坚持主权平等、维护国家利益原则的基础上，部分让渡国家管辖权

管辖权是一国主权和国家利益的根本体现，协调红十字国际委员会与国家管辖权的争端，根本的是要在坚持主权平等、维护国家利益原则的基础上进行，具体而言：坚持主权平等，就是要求各国在相互关系中尊重对方的主权，尊重对方的国际人格，不得有任何形式的侵

犯。换言之，国家是独立的、平等的，各国独立自主地处理对内对外事务的权利应当受到尊重。各国自由选择适合本国的政治、经济、文化制度和发展道路的权利应该得到保障，其他国家不得进行任何形式的侵略和干涉。现代国际法确认了主权平等原则的基本内容，也确认主权平等原则是现代国际关系和国际法的基础。[①]

维护国家利益原则主要表现在四个方面：（1）维护国家主权独立、领土完整和民族团结。（2）维护本国的政治、经济和社会制度。（3）促进国家经济繁荣、发展本国的科学技术和文化艺术事业，增进国民的经济和社会福利，提供良好的国民教育，健全法制，提高本国的国际地位，维护和平稳定的国际国内环境。（4）维护本国长期以来形成的具有自身特性的意识形态、历史传统、民族精神、宗教信仰、道德风尚等，增强本民族的凝聚力和向心力。[②]美国著名学者汉斯·摩根索认为："只要世界在政治上还是由国家构成，那么国际政治中实际上的最后的语言就只能是国家利益。"[③]这说明国家利益决定一国对外政策的基本目标和该国的国际行为。

红十字国际委员会是国际人道法的践行者和捍卫者，其法律地位和工作职责是被《日内瓦公约》认可并赋予其权利的。因此，国家管辖权保留范围的标准，应以国家在国际法、国际人道法上的权利与义务之间的关联中确定其标准，适当让渡国家管辖权。现代国际法早已否定了国家主权就是国家有不受限制的自由和权力的学说，同时由于现代国家之间的相互依赖，一国的主权的合法性还需要从其他国家的

---

① 刘健.国际法 [M].长沙：湖南人民出版社，2001：39.

② 刘健，蔡高强.全球化进程中国家主权的让渡与维护 [J].湘潭大学社会科学学报，2002（1）.

③ 汉斯·摩根索.国家间政治——权力斗争与和平 [M].7版.徐昕，郝望，李保平，译.北京：北京大学出版社，2006：154.

主权中来证明。

红十字国际委员会从创立至今，一直活跃在国际舞台上，该组织对宣传国际人道法、保护受灾难的平民、维护世界和平发挥着十分重要的作用。但该组织的行动也形成了对国家管辖权的直接制约，主权国家在接受红十字国际委员会协调和帮助的同时，也就让渡了自身的部分管辖权。全球化与国家主权具有同质性，一方面国家参与全球化享有自主权，国家主权的让渡是国家主权行使的结果；另一方面，国家在全球化进程中让渡部分主权的目的，也是为了获取更多的国家利益，更有利于维护国家主权的完整和独立。因此，国家主权的让渡必须以国家主权原则为基准。这就要求国家在全球化过程中，对本国权力的让渡必须谨慎，同时也要求国家之间应该遵循主权平等原则。

2. 实施人道主义行动应当尊重国家主权

红十字国际委员会在工作中应尊重适度宣传国际人道法，尊重国家主权，不应把人道保护托举到不适当的高度，以免使其他别有用心的国家利用国际人道法原则，超越别国主权，成为武装干涉别国的借口。

（1）实施人道主义行动不能完全超越国家管辖权

《日内瓦公约》中并没有明确提到如红十字国际委员会的国际非政府组织在武装冲突中开展人道主义行动时应遵守的义务，第二附加议定书也只含糊地提到其救济行动的进行应以"有关缔约一方同意"为前提，[①] 但对于已获同意的行动在开展过程中应遵守的限制却没有明确规定。这种情况很容易为一些西方国家借红十字国际委员会的人道活

---

① 《第二附加议定书》第18条第二款规定：如果平民居民由于缺少生存必需品，如粮食和医疗用品，而遭受非常的困难，对该平民居民，应在有关缔约一方同意下，进行专门属于人道主义和公正性质而不加任何不利区别的救济行动.

动进行渗透和干涉他国提供方便。

国际人道主义行动必须在人道主义诉求和尊重当事国主权之间实现平衡，红十字国际委员会在开展人道主义行动时尊重当事国的主权，遵守当事国法律，服从当事国政府的管理，是其行动免受复杂政治因素干扰的关键。

（2）实施人道主义行动不得干涉国家内政

内政就实质而言是国家在其管辖的领土上行使最高权力的表现。也就是说，凡是国家在宪法和法律中规定的事项，即本质上属于国家主权管辖的事项都是国家内政。红十字国际委员会以一贯的执着态度和坚持的融入方式使国际人道法知识越来越多地渗入到各个国家和军队，也越来越多地得到信任。红十字国际委员会武装与安全部队关系处处长弗朗索瓦·塞内绍曾提道："出于显见的原因，红十字国际委员会对于适合武装、安全和警察部队的培训并不自信。同样，这些部队并不太热衷于让人分享它们的条令或政策、战术、技术及程序。然而，多亏长期以来在特派代表和他们的合作伙伴之间形成的极好的信任关系，双方都开始认识到了这个问题的复杂性。派驻世界各地的代表已能开展一些更具实质性和建设性的活动，而并不仅限于对培训人员的讲学了。这样，红十字国际委员会的工作人员开始越来越多地参与野战及计算机指挥所演习。……有一些部队确实提供了他们的武装冲突法或人权法手册以供红十字国际委员会点评或修改。有几次，他们还信任地让红十字国际委员会代表们审阅了他们的条令性文件。因此，2000年在危地马拉，红十字国际委员会代表可以对其新的国家军事条令进行点评。两年后，荷兰皇家陆军／空军与红十字国际委员会让其分享了他们和德国共同组建的联合空中机动师的《联合空中行动评估手册》。该手册融合进了武装冲突法。对他们而言，审查对法律的遵守现已成为任何演习各阶段中的标准程序。"[①] 从这段文字中我们可以看出，红十字国际委员会在宣传国际人道法时的努力已经被越来越多的国家和军队信任，其信任度达到了拿出他们的"命令性文件"和"国家军事条令"等机密文件送给红十字国际委员会做点评的程度。从红十字国际委员会的工作来看，这是值得骄傲的，但又不免令人担忧。赋予一个持有独立、中立态度的国际组织以如此重要的政治信任，让红十字国际委员会如何堪当？"对其新的国家军事条令进行点评"有否干涉内政之嫌？

　　另外，在宣传国际人道法知识方面，红十字国际委员会对国家和部队的教学和训练义务总是尽力履行。但值得注意的是，曾发生过红十字国际委员会要求直接面向旅以下普通士兵授课的情况，此做法值得商榷。因为对主权国家来说，这一要求需要进行外交和政治上的通盘考虑，并不像红十字国际委员会认为的那样必然。

---

① 《武装冲突法——现状、展望与训练》之弗朗索瓦·塞内绍："红十字国际委员会在世界范围内武装冲突法训练活动中的作用。"红十字国际委员会东亚地区代表处与中国人民解放军总政治部办公厅联合印刷，2006年版，第178页．

第五章　红十字国际委员会与中国国际人道法实践

红十字国际委员会与中国的国际人道法实践有着密切的关系。国际人道法在中国的普及和发展，受到了红十字国际委员会的大力支持和推动。同时，中国作为国际社会的重要成员，一贯支持国际人道法的普及和传播，并致力于国际人道法的有效实施，对国际红十字运动作出了显著贡献。

第一节　中国红十字会的诞生及其法律属性

中国红十字会是在清末中国民众遭受战争苦难的历史条件下诞生的。其曲折的诞生过程，得到国际红十字运动有关人士的支持和帮助，并得到红十字国际委员会的迅速承认。

一、红十字国际委员会与中国红十字会的诞生

中国红十字会的诞生受两方面的因素直接影响：一是西方红十字的"人道"理念传入中国后和中国传统的"仁爱"思想契合，为中国红十字会的诞生提供了思想和社会基础。当国际红十字与红新月运动

在西方兴起之时，中国社会还处在封闭半封闭状态。19世纪80年代"红十字精神"东渐，先传到我国台湾地区。1894年7月甲午海战后，开始在中国大陆传播。1897年孙中山先生将英国医生柯士宾的《红十字会救伤第一法》译成中文。旅日侨胞孙实甫与志同道合者翻译国外红十字组织的章程，广为传播西方"人道"理念。西方红十字的"人道"理念和中国博爱爱人、行善积德的传统道德思想异曲同工，一经传播，很快得到社会认同，使国人逐渐认识到红十字会的重要性，为中国红十字会的诞生奠定了社会基础。

二是日俄战争引发的救护活动催生了中国红十字会。1904年2月（清光绪三十年）日俄战争爆发，在旅顺的外国侨民都由本国政府或红十字会出面，接运撤离战区。宣布中立的清政府也派船接运中国同胞，遭到俄国的拒绝，船只不准入港。为救护中国难民，上海记名海关道的沈敦和等人出于义愤，发起成立"东三省红十字普济善会"。这是中国最早的和红十字有关联的组织。为得到国际上的承认，1904年3月10日，清朝商约大臣吕海寰、工部左侍郎盛宣怀等人在上海邀请中立的英、美、法、德代表，共同协商成立了"万国红十字会上海支会"，并取得红十字国际委员会的承认。清政府也立即予以承认，这是中国红十字会的前身。同年6月3日，日内瓦万国红十字会会长穆业就中国加入红十字会一事，致函清政府外务部，"深望贵国设立红十字会"，[①]并告知加入国际红会组织所应履行的手续等事宜。

早期的中国红十字会是由中外合办、政府拨款资助并得到国际社会承认的。为此，同年8月12日，日内瓦万国红十字会会长穆业、副会长欧等业联名为中国入会一事复函："贵国附入日内瓦万国红十字会

---

① 池子华.红十字与近代中国[M].合肥：安徽人民出版社，2004：509.

一节，事已成就"，仍"深望贵国设立红十字会"[①]（意即成立全国统一的红十字会，而不是合办）。此后红十字会因政府更替的原因数次改名，但均得到红十字国际委员会的正式承认。[②]1907年中国红十字会由上海万国红十字会"流变"而出，走上独立发展的道路。

新中国成立后，中国红十字会性质也历经了三次变化。1950年召开的中国红十字会协商改组会议中明确规定"中国红十字会为'中央人民政府领导下的人民卫生救护团体'"；1985年中国红十字会第四次全国会员代表大会提出"中国红十字会是全国性的人民卫生救护和社会福利团体"；直至1993年10月，第八届全国人大常委会第四次会议通过了《中华人民共和国红十字会法》，明确规定"中国红十字会的性质是从事人道主义工作的社会救助团体"。2017年新修订的《中华人民共和国红十字会法》保留了这一表述。虽然红十字会性质在我国变化数次，意义也不断升华，但其保护人的生命和健康，促进人类和平进步事业的宗旨却越来越明确。中国红十字会的工作内容不断增加，领域不断拓宽，外延不断扩大。中国红十字会在国际、国内的影响越来越大。

二、中国红十字会的法律属性

2017年5月实施的新修订的《中华人民共和国红十字会法》，为中国红十字会遵循国际红十字与红新月运动确立的基本原则，依照《日内瓦公约》及其两个附加议定书以及中国红十字会章程，独立自主地开展工作提供了法律保障，同时也推动了中国红十字事业进入了一个

---

① 池子华.红十字与近代中国[M].合肥：安徽人民出版社，2004：509.

② 资料源自红十字会网站，中国红十字会的诞生及历史沿革。源自红十字国际委员会官方网站

法制化建设发展时期。①

　　《中华人民共和国红十字会法》和2004年通过的《中国红十字会章程》规定了中国红十字会的宗旨、性质、任务和职责，在法律上确立了红十字会组织在国家和社会生活中的地位和作用。中国红十字会是中华人民共和国统一的红十字会组织，是从事人道主义工作的社会救助团体，②是国际红十字运动的成员。③中国红十字总会具有社会团体法人资格，对外代表中国红十字会，对内指导全国红十字会的工作，地方各级红十字会、行业红十字会依法取得社会团体法人资格。④中国红十字会遵守国家宪法和法律，遵循国际红十字运动确立的人道、公正、中立、独立、志愿、统一及普遍七项基本原则，依照1949年《日内瓦公约》及其附加议定书、《中华人民共和国红十字会法》和《中国红十字会章程》，独立自主地开展工作。⑤中国红十字会以发扬人道、博爱、奉献精神，保护人的生命和健康，促进人类和平进步事业为宗旨。⑥中国红十字会的主要职责包括：备灾救灾⑦、卫生

---

① 目前，与中国红十字会相关的法律、法规，除《中华人民共和国红十字会法》外，还包括《中华人民共和国红十字标志使用办法》《社会团体登记管理条例》等行政法规，《中国红十字会章程》《中国红十字会会费管理办法》《中国红十字会募捐和接受捐赠工作条例》《中国红十字会红十字标志标明性使用规定》《中国红十字会自然灾害和突发事件救助规则》等部门规章，还有各省的《实施〈中华人民共和国红十字会法〉办法》等一系列法律文件．

② 《中华人民共和国红十字会法》第2条，《中国红十字会章程》第1条．

③ 《中国红十字会章程》第1条．

④ 《中国红十字会章程》第6条．

⑤ 《中华人民共和国红十字会法》第4条，《中国红十字会章程》第5条．

⑥ 《中国红十字会章程》第2条．

⑦ 《中华人民共和国红十字会法》第12条（一），《中国红十字会章程》第10条（二）.

救护①、宣传和筹资②、青少年教育③、国际合作④等。

中国红十字会虽然在创立阶段具有一定的国际背景，但无论旧中国还是新中国的政府在红十字会发展过程中都起着主导作用。现时代，我国的红十字会就由国家领导人担任荣誉负责人职务，一些重要的工作岗位由国家行政人员兼任。此外，中国红十字会的资金来源，是通过人民政府拨款；人员构成，主体是事业编制享受公务员待遇的人员，实际上中国红十字会的人员、物品、资金等各方面均由政府提供。即便如此，中国红十字会仍然是一个独特的社会团体，具有非营利组织的特点。这是因为：一是从身份特征上看，是属于社团法人，在民政部门登记注册，具有合法性。二是从治理结构上看，建立了理事会，作为形式上决策机构。因此虽然具有很强的政府依赖性，但仍是自主管理的部门，不是政府机构或者下派组织。三是从资源获取看，组织资金来源于政府资助、社会捐赠、会费，组织人员有政府安排和志愿者两部分组成，虽然具有较强官方背景，但红十字会在全国和省一级组织中，社会捐赠、会费是其开展各项活动经费的主要来源，红十字会主要公共物品仍依赖于志愿者的提供。四是从行为上看为社会提供公共物品，是政府行为的补充。五是从功能上看，除提供公共物品外，更是维护社会稳定，缓和社会矛盾，促进公平、正义的重要力量。⑤

---

① 《中华人民共和国红十字会法》第12条（二），《中国红十字会章程》第10条（三）.

② 《中华人民共和国红十字会法》第12条（五）、第22条，《中国红十字会章程》第10条（十）、（十一）.

③ 《中华人民共和国红十字会法》第12条（三），《中国红十字会章程》第29条（八）.

④ 《中华人民共和国红十字会法》第12条（四），《中国红十字会章程》第29条（十三）.

⑤ 段雯. 中国红十字会组织发展问题及对策研究 [D]. 西安电子科技大学硕士学位论文，2007.

第二节 中国红十字会对国际红十字与红新月运动的贡献

中国红十字会是国际红十字与红新月运动的组成部分，秉承国际红十字与红新月运动的宗旨，不仅在战争和武装冲突以及自然灾害中提供了大量的人道救援，而且在民众中广泛传播国际人道法，支持和配合国家缔结和加入国际人道法公约，配合国家立法机关制定和完善有关法律法规，配合国家建立和完善国际人道法工作协调机制，对国际人道法的传播与发展做了大量卓有成效的工作。[①]

一、在民众中积极传播国际人道法

中国红十字会根据日内瓦四公约及其附加议定书、国际红十字会联合会章程以及《中华人民共和国红十字会法》等有关法律的规定，致力于国际人道法的传播工作。运用多种形式，举办各类培训班，比较系统地培训了红十字会专职干部和广大会员，并不断扩大传播培训范围。中国红十字会总会还建立了传播工作骨干队伍，在全国范围内担负师资队伍的培训，编写统一教材，为建立全国性的传播网络打下良好的基础。

中国红十字会特别注重在青少年中开展国际人道法传播普及工作。它会同教育部，在学校素质教育中丰富有关国际人道法的内容，在各地青少年中根据不同年龄、不同层次，广泛开展救死扶伤、扶危济困、敬老助残、尊师爱幼等人道主义精神的传播。红十字青少年会员已达2000万人，这对提高青少年的思想素质和品德修养，树立正确的世界观、人生观和价值观，具有积极作用。

---

① 本节内容参考了肖凤城教授的研究成果：《中国红十字会与国际人道法》。见赵白鸽主编.中国国际人道法：传播、实践与发展 [M]. 北京：人民出版社，2012：5–10.

2013年5月13日，国家主席习近平在北京人民大会堂会见红十字国际委员会主席莫雷尔。习近平高度评价红十字国际委员会成立150年来在国际人道主义事务方面所做的大量工作，并强调，中国高度重视和支持红十字事业。莫雷尔感谢中国对红十字国际委员会的支持，表示中国有着重要的国际影响力，为国际红十字事业作出了重要贡献。

二、支持和配合国家缔结加入国际人道法公约

中国红十字会始终支持和配合中国政府缔结、加入国际人道法公约。早在1904年，创建中国红十字会的有识之士就建议政府加入《改善战地陆军伤者境遇之《日内瓦公约》，数年间，中国政府还签署、批准了1899年和1907年几个与国际人道法相关的海牙公约。在1949年4月至8月日内瓦四公约谈判起草过程中，中国红十字会起着积极的配合作用，推动政府派代表参加了在日内瓦举行的外交会议，签署了日内瓦四公约。

1949年中华人民共和国成立后，中央人民政府根据《中国人民政治协商会议共同纲领》第55条"对于国民政府与各国政府的各项条约和协定，中华人民共和国中央政府加以审查，分别予以承认，或废除，或修订，或重订"的规定，于1952年由政务院总理兼外交部部长周恩来代表中华人民共和国发表声明，承认1949年日内瓦四公约，并于1956年11月5日由全国人大常委会批准了日内瓦四公约。1983年9月2日，全国人大常委会做出了加入日内瓦四公约两个附加议定书的决定。

迄今，中国还加入了1954年关于武装冲突中保护文化财产公约、1971年禁止生物武器公约、1980年特定常规武器公约及其议定书、1993年禁止化学武器公约等有关国际人道法的所有主要国际公约。在中国政府参与起草谈判、签署批准、传播实施这些公约的过程中，中

国红十字会都发挥了积极推动、协助配合的重要作用。近几年，中国红十字会进一步推动国家立法机关根据形势发展变化考虑中国在加入国际人道法公约时予以保留的条款，积极考虑加入国际人道法有关公约最新形成的议定书等，都取得了明显的进展和成效。

三、配合国家立法机关制定完善有关法律法规

国家制定和完善相关法律法规，对于有效传播和实施国际人道法具有重要意义。近30年来，中国红十字会配合国家立法机关，制定和完善了许多与国际人道法、红十字活动相关的法律法规，为国际人道法在中国的传播和实施以及中国红十字事业的发展，开辟了更加广阔和坚实的道路。

在中国红十字会的配合下，国务院、中央军委于1996年12月29日发布施行了《中华人民共和国红十字标志使用办法》，为维护红十字标志的严肃性、正确使用红十字标志提供了法律依据，具有重要作用。这部法规规定，"红十字标志是国际人道主义保护标志，是武装力量医疗机构的特定标志，是红十字会的专用标志"，正确认识、使用和尊重这一标志是尊重、实施国际人道法的重要体现，对于开展人道保护和救助具有至关重要的意义。

中国红十字会还积极配合国家立法机关在许多法律法规中体现了国际人道法的相关要求。例如，在《中华人民共和国兵役法》《征兵工作条例》等法律法规中，明确规定了征集兵员的最低年龄为17周岁，并且规定征集未满18周岁的人员服现役应当基于本人自愿；在《中华人民共和国国防动员法》中规定，在社会福利机构和义务教育阶段，学校中从事教学及管理和服务工作的公民、怀孕和在哺乳期内的女性公民、患病无法担负国防勤务的公民、丧失劳动能力的公民等，免予担

负国防勤务；在《中华人民共和国刑法》中规定，战时在军事行动地区残害无辜居民或者掠夺无辜居民财物、虐待俘虏的，应当处以刑罚。这些法律法规的有关规定为国际人道法在中国的传播和实施提供了有力的法律保障。

2016年6月27日，为加大对违反红十字会法行为的打击力度，首次提请全国人大常委会审议的红十字会法修订草案增设法律责任专章。2017年2月24日新修订的《红会法》由中华人民共和国第十二届全国人民代表大会常务委员会通过，自2017年5月8日起施行。本次修法的最大亮点是专门增加了"法律责任"一章，这是对红十字会法的重大补充和完善，也是本次红十字会法修订的重大进步。新修订的《红会法》，对红十字会及其工作人员若存在"未依法向捐赠人反馈情况或者开具捐赠票据的"的情况，将由同级人民政府审计、民政等部门责令改正；情节严重的，对直接负责的主管人员和其他直接责任人员依法给予处分；造成损害的依法承担民事责任；构成犯罪的，依法追究刑事责任。该系列条款不仅从内部严格要求工作人员遵纪守法，还将责任落实到个人，既保障了内部的廉洁，又让社会清晰、明白红十字会的工作，提高了透明度，更加明确"中国红十字会"这个"百年品牌"，不允许任何单位或个人对这个品牌进行侮辱、玷污和侵犯。新修订的《红会法》还对自然人做出了约束，凡是冒用、滥用、篡改红十字标志和名称的；利用红十字标志和名称牟利的；制造、发布、传播虚假信息，损害红十字会名誉的；盗窃、损毁或者以其他方式侵害红十字会财产的；阻碍红十字会工作人员依法履行救援、救助、救护职责的也要依法追究其法律责任。红十字会法新增"法律责任"，不仅对红十字会及其工作人员有违法责任追究，对"自然人、法人或者其他组织"，对"各级人民政府有关部门及其工作人员"也同样有违法责任追究。这是对包括红十字会及其工作人员在内的所有自然人、法人或其他组织的约束，也是对红十字事业的保护。这些追责条款，将保护捐赠人，同时，对红十字会的名誉、品牌标志、财产以及其他合法的权益的保护，将起到非常重要的作用。

四、配合国家建立完善国际人道法工作协调机制

国际人道法在中国的传播和实施，得到国家领导人的高度重视和极大支持。1994年4月，中国红十字会第六次全国会员代表大会在北京召开，时任国家主席江泽民受聘为中国红十字会名誉会长。1999年10月，中国红十字会第七次全国会员代表大会在北京召开，时任全国人大常委会副委员长彭珮云当选为中国红十字会会长，国家主席江泽民继续受聘为中国红十字会名誉会长。2004年，中国红十字会建会100周年，当年10月，中国红十字会第八次全国会员代表大会在北京召开，国家主席胡锦涛、国务院总理温家宝等接见了会议代表，时任国家主席胡锦涛受聘为中国红十字会名誉会长。国家领导人担任中国红十字会会长、受聘为中国红十字会名誉会长，有力保证了中国红十字工作富有成效地开展。国际人道法有关工作的开展，涉及政府和军队许多有关部门，为了加强有关部门之间的沟通协调，2007年11月，成立了中国国际人道法国家委员会，成员单位有中国红十字会总会，外交部、司法部、教育部、国家文物局以及解放军原总参谋部、原总政治部、中央军委法制局等。中国红十字会领导担任国家委员会的召集人，国家委员会秘书处设在中国红十字会总会。中国红十字会第十次全国会员代表大会于2015年5月5日在京开幕。中共中央总书记、国家主席、中央军委主席习近平会见全体代表，并发表讲话。

第三节　中国红十字会与红十字国际委员会的交流合作

自1952年新中国在第18届国际红十字大会上恢复合法席位以来（这是新中国在国际组织中恢复的第一个合法席位），我国积极参与两组织的各项活动，双方开展了多种形式的合作。主要有：积极参加历次国际红十字大会和其他重要会议；通过频繁互访保持密切的沟通和联系；举办有关国际人道法的讲习班、培训班、研讨会；开展战时和自然灾害期间的人道主义援助；开展战俘遣返、难民安置和亲属查找工作；就制订新的国际人道法进行磋商等。由于中国政府的出色工作，1985年和1993年中国两次当选为联合会执行理事，1989年当选为联合会副主席。2000年联合会在北京设立东亚地区办事处，[①]2005年，红十字国际委员会将其驻东亚办事处迁往北京。2013年5月13日习近平会见红十字国际委员会主席毛雷尔时表示，红十字不仅是一种精神，更是一面旗帜，跨越国界、种族、信仰，引领着世界范围内的人道主义活动。人道主义事业是全人类共同的事业，相信红十字精神将不断发扬光大。习近平强调，中国高度重视和支持红十字事业，愿同红十字国际委员会加强合作，积极参与国际人道援助，为更多弱势群体提供帮助，在力所能及范围内履行国际责任和义务，为国际人道主义事业做出更大贡献。

此外，在学术交流方面，1987年中国红十字会和解放军原总政治部派员参加红十字国际委员会主办的国际人道法研讨会。1991年，我国加入国际军事法与战争法学会，派专家担任学会理事。此后，我国政府和军队经常派员参加由红十字国际委员会、国际军事法与战争法学会、国际人道法学会等国际组织举办的各类有关国际人道法的国际研讨会。2000年8月，中国人民大学国际刑法研究所主办了"当代国际

---

① 陈刚.新中国对国际人道法的贡献[J].西安政治学院学报，2003-08.

刑法问题学术研讨会"；2000年12月，红十字国际委员会与中国社科院法学所联合举办了"国际人道主义法及其实施国际学术研讨会"，几乎与此同时，红十字国际委员会与解放军原总政治部联合主办了"武装冲突法座谈会"；2002年11月，红十字国际委员会主席雅各布·克伦贝格尔对中国进行了为期4天的工作访问；2004年6月7日至9日，中国人民解放军与红十字国际委员会联合在西安政治学院举办"亚太地区西安研讨会：当代武装冲突法——现状、展望与训练"；2008年10月15日至16日，红十字国际委员会东亚地区代表处主任蒂埃里·梅拉先生一行与中国红十字会总会联络部多边处处长裘海玲女士到西安政治学院开办讲座，调研武装冲突法在全军特别是该院的教育训练情况。这些活动，促进了我国政府和军队有关部门及专家学者与红十字国际委员会等国际组织及外国专家学者的合作与交流，增强了我国对国际动态的了解和影响，有力提升了国际人道法在我国的传播教育和研究运用的水平。[①]

自1991年以来，中国红十字会协助红十字国际委员会在中国军队中联合举办了十多次校官、尉官国际人道法研习班以及军队律师国际人道法培训班，每期研习班都有来自解放军陆、海、空军各部队60至80名校官、尉官、军法官、军队律师参加，根据参加人员的不同级别和职责，有针对性地开展研讨、培训，取得了很大成功。协助红十字国际委员会的代表应中国人民解放军的邀请，到军队院校、部队中或者有关会议上介绍国际人道法的发展情况。此外，还帮助联系和协调解放军派军官参加红十字国际委员会和有关国家在日内瓦等地联合举办的国际人道法研习班。在中国红十字会的协助、推动下，解放军组织或参加国际人道法研习、培训、研讨等传播活动逐渐常态化、机制

---

① 西安政治学院武装冲突法研究所.改革开放30年武装冲突法在中国的研究与实践[J].西安政治学院学报，2008(6)：72.

化，与红十字国际委员会的交流与合作更加密切。

第四节　中国与红十字国际委员会交流合作的前景展望

中国作为发展中国家，经济发展迅速，军事力量逐步强大，越来越受到国际社会的关注。红十字国际委员会在传播与实践国际人道法过程中，也逐渐将亚洲地区，尤其是中国作为工作重点，开展多项合作与交流。中国在与红十字国际委员会交流合作中，应将其视为是对国家有利的合作伙伴，关注红十字国际委员会的研究动向和行动计划，对重要事项做出着实有效的应对。

一、红十字国际委员会在中国的未来工作打算

红十字国际委员会在中国的未来工作打算，可以通过分析红十字委员会发展战略以及红十字与红新月运动代表会议通过的相关决议获得一些启示。

（一）核武器问题

红十字国际委员会的未来工作仍将致力于消除核武器的工作，确保决不再使用核武器，不管其他国家对该等武器的合法性持何种态度。红十字国际委员会将通过各种外交活动进行广泛宣传，提高公众、科学家、卫生专业人员以及决策者们的认识，并与政府展开持续对话，以最终解决核武器问题。

中国对核武器的政策是坚定的、一贯的，并已公之于国际社会，那就是：中国决不首先使用核武器，决不对无核国家使用核武器，并主张最终全面销毁核武器。中国赞成国际大会关于《致力于消除核武器的决议》，并通过中国国际人道法国家委员会的活动，推动贯彻决议精神。

（二）向移民提供人道援助问题

第31届国际大会通过的关于《移民：确保准入、尊严并尊重多样性和社会融入决议》，主要内容是倡导国家红十字会采取有效手段，向脆弱移民提供人道援助；促请政府加强与国家红十字会磋商，完善移民人道援助法律框架；各国红十字会应向所有移民提供有效的人道援助和保护服务，不论移民法律地位如何红十字会均不受惩罚；呼吁国家政府采取相应边境措施，保护移民安全和尊严；呼吁政府、国家红十字会及其他非政府组织加强合作，建设包容的移民文化，促进移民与当地主流社会融合。

此决议启示我们应关注移民问题在我国的现状及发展趋势，提出应对方案，加强相关立法工作。

（三）向武装冲突伤病员提供救援问题

第31届国际大会通过关于《危难中的卫生保健：尊重和保护卫生保健决议》，重申红十字国际委员会和各国红十字会向武装冲突伤病员提供救助的责任。强调各国应确保建立有效的机制，使国内法院，或在适用情况下的国际司法机构，能对那些针对卫生保健人员和设施、医疗车辆、伤员和病员所犯下的罪行追究刑事责任；遏制此类犯罪行为。该决议呼吁各国根据国际人道法关于保护和使用标志性徽章的有关规定；确保使用特殊标志和符号充分标识医疗设施和车辆，确保使用特殊标识达到识别和保护的目的；呼吁各国加强培训，确保其武装部队在武装冲突中履行保护伤病员以及卫生保健服务的国际法律义务；呼吁各国红十字会、红十字国际委员会和国际联合会支持提高世界各地工作人员的能力，为红十字会工作人员和志愿者提供有效的医疗援助及其与人身安全相关的培训。

对我国来讲，尊重和保护卫生保健是一项前瞻性工作，应加强此方面的研究，找出我国目前贯彻此国际人道法要求与现行法律的差距，积极推动相关立法，为一旦发生冲突时开展国际人道法要求的卫生保健工作做好政策和法律准备。

（四）合作确定保护武装冲突受害者

第31届国际大会通过的《加强武装冲突受害者的法律保护》决议，高度关切因武装冲突而不断导致的深重苦难和违反国际人道法的行为（如谋杀、被迫失踪、人质绑架、酷刑、残酷或非人道待遇、强奸和其他形式的性暴力等），认为当今形势下国际人道法仍然具有现实意义，强调更好地遵守国际人道法是改善武装冲突地区受难者处境的不可或缺的前提条件，呼吁各国接受更多的国际人道法条约（如第三附加议定书目前只有12个国家签署），并进一步通过研究、咨询和讨论、评估等方式，确保国际人道法符合当前实际，能够为因武装冲突而丧失人身自由的所有人员提供行之有效的法律保护。

我国应以此项工作为契机，加强与红十字国际委员会的合作交流，进一步加强我国国际人道法研究工作，完善相关国内立法。

（五）敦促审查修订红十字会《章程》和相关法律文件

2009年国际红十字与红新月运动代表会议曾做出决议，号召各国红会根据国际大会相关决议和运动相关指南文件，审查修订国家红会《章程》和相关法律文件。2011年红十字与红新月运动代表会议又通过了《国家红会章程和法律基础的修订的决议》，建议没有开展或完成《章程》及法律文件修订的国家红十字会采取适当措施加快推动修订工作。红十字国际委员会将在中国进一步推进此项工作。

二、中国与红十字国际委员会交流合作应注意的问题

国际红十字运动高扬的人道主义旗帜，是人类文明的重要组成部分，

对此我们应当予以高度重视。但由于国际法在某种程度上是国家力量与各国利益博弈的结果，带有浓厚的霸权和强权色彩，因此，即使是红十字国际委员会主导的有关国际人道法规则以及国际人道主义救援行动，我们在予以高度尊重和积极参与的同时，也应保持必要的清醒和谨慎。

（一）以国家利益为重，谨慎加入国际人道法条约

红十字国际委员会是国际人道法的捍卫者和传播者。红十字国际委员会积极推动各国加入国际人道法条约。我国是批准和签署国际人道法条约较早和较多的国家。对一些未签署的重要条约也是以国家利益为重，持建设性的积极态度。

我国没有批准或签署国际人道法公约包括1856年《巴黎会议关于海上若干原则的宣言》、1904年《关于战时医院船免税的公约》、1930年《限制和裁减海军军备的国际条约第四部分关于潜艇作战的规则》《1930年伦敦条约第四部分关于潜艇作战规则的议定书》、1963年《禁止在大气层、外层空间和水下进行核武器试验条约》、1968年《战争罪及危害人类罪不适用法定时效公约》、1997年《渥太华禁雷公约》、1998年《国际刑事法院规约》等。

上述八个公约中，前四个公约是新中国成立前形成的，此后的国际社会没有重新提上议事日程。而后四个公约，则是我国出于国家利益的考虑，谨慎批准。

第一，《禁止在大气层，外层空间和水下进行核武器试验条约》不符合当时中国武器发展水平和发展战略。1963年8月，苏、美、英三国签订了《禁止在大气层，外层空间和水下进行核武器试验条约》。那时的中华人民共和国政府还未取得广泛的国际地位。我国政府在1963年7月31日发表了《中国政府主张全面、彻底、干净、坚决地禁止和销毁核武器、倡议召开世界各国政府首脑会议的声明》，认为英、美、苏的

真正目的是达到核垄断。1964年10月16日，中国进行第一颗原子弹试验。至今中国没有在该条约上签字，但于1996年9月24日签署了全面禁止核试验条约，从而禁止了一切核爆炸试验（包含着部分禁止核试验条约中指定的大气层、外太空和潜水试验）。

第二，《战争罪及危害人类罪不适用法定时效公约》不符合中国与外国进行司法协助的基本原则。《战争罪及危害人类罪不适用法定时效公约》于1968年11月26日联合国大会通过，1970年11月11日生效，共11条。公约规定战争罪及危害人类罪是国际法上最严重的罪行。对战争罪及危害人类罪，不论何时犯罪，一概不适用法定时效限制。缔约国各方承允采取国内立法或其他措施把应对此类罪行负责的人引渡归案。中国对此公约并无异议，但公约规定缔约国应当依国际法引渡公约所称犯罪之人，使中国加入该公约遇到障碍，因为中国只与各国专门签订引渡条约，尚未加入普遍的引渡公约。[①]

第三，《渥太华禁雷公约》与中国国家利益有抵触。《渥太华禁雷公约》全称为《禁止使用、储存、生产、转让并销毁杀伤人员地雷公约》，公约规定，缔约国在任何情况下都不得使用、发展、生产、获取、保留或转让杀伤人员地雷，并就完全销毁此种地雷、扫雷的国际援助与合作等问题做了拘束力的规定。此公约于1999年3月1日生效。中国一贯重视地雷引发的人道主义问题，完全认同、尊重和赞赏《渥太华禁雷公约》的宗旨和目标。但中国由于有漫长的陆地边界，情况复杂，在尚未找到可以替代地雷以满足边境防御需要的手段之前，不得不保留在本土上使用杀伤人员地雷进行自卫的权利。中国认为，《修正的地雷议定书》妥善地处理了人道主义关切和正当军事需要之间的关系，因此中国参加了《特定常规武器公约》之《修正的地雷议定书》，没有再参加《渥

---

① 盛红生，杨泽伟，秦小轩.武力的边界[M].北京：时事出版社，2003：252.

太华禁雷公约》。中国虽未加入《渥太华禁雷公约》，仍然重视和加强与《渥太华禁雷公约》缔约国的交流，并以观察员身份参加了公约缔约国年会，一直在联大第一委员会上对"《渥太华禁雷公约》的执行"决议投赞成票。这充分表明中国肯定和重视公约的重要作用。中国还将继续通过各种切实、可行的途径，积极参加国际扫雷合作与援助活动。

第四，我国未加入1998年的《国际刑事法院规约》，也是考虑到该规约尚存在一些不足可能会影响法院公正、有效地行使职能。中国支持建立一个独立、公正、有效和具有普遍性的国际刑事法院，以惩治包括违反国际人道法的战争罪在内的最严重的国际罪行。中国参加了这个规约的起草和谈判全过程，但由于罗马外交大会通过的规约对一些重大问题的规定与中国的立场差距较大，中国代表团投了反对票。1998年7月，代表团团长、外交部部长助理王光亚在答新华社记者问时，把投反对票的理由归结为违背国家主权原则、定义超出相关公约规定、有干涉内政之可能等五个方面。①

（二）积极掌握主动，参与国际人道法条约的制定

红十字国际委员会在过去100多年的时间里，积极推动国际人道法条约的形成，参与制定了大多数国际人道法条约的，成为国际人道法发展的推动者和践行者。中国是最早加入《日内瓦公约》的国家之一，

---

① 其要点是：第一，《规约》规定的管辖权不是以国家自愿接受法院管辖为基础，而是在不经国家同意的情况下对非缔约国的义务做出规定，违背了国家主权原则，不符合《维也纳条约法公约》的规定。第二，《规约》将国内武装冲突中的战争罪纳入了法院的管辖范围，而且其定义超出了习惯国际法和《日内瓦公约》第二附加议定书》的规定。第三，《规约》关于安理会作用的规定，不利于安理会履行《联合国宪章》所赋予的职能。第四，《规约》关于检察官自行调查权的规定，使检察官或法院因权力过大而可能成为干涉国家内政的工具，因面对大量指控需要做出是否调查与起诉的决策而不得不置身政治旋涡，无法做到独立和公正。第五，《规约》有关危害人类罪的定义删去了"战时"这一重要标准，具体罪行的列举其行为实际是人权法的内容，有悖于建立国际刑事法院的真正目的．

同时也积极参与制定了许多国际人道法条约，为国际人道法的发展做出了贡献，也因此获得国际上较高道义上的地位。积极掌握主动，参与国际人道法条约的制定，有利于及时了解和把握国际人道法的发展动向，维护国家利益，推动国际人道法的发展，推动我军的法治建设。

例如，2008年，我国学者参与讨论并起草《空战和导弹战规则国际人道法手册》，掌握了最前沿问题，对我军的法治建设起到一定推动作用。

尽管空战和导弹战在现代战争中的地位日益凸显，但是，规范空战和导弹战的国际法文件却很少。1923年法学家委员会曾形成海牙《空战规则草案》，但因为没有国家批准加入而未能形成约束力。此后国际社会几乎没有起草和缔结专门的条约和文件，这种空白状态一直延续至今。2003年，美国哈佛大学"人道主义政策与冲突研究（HPCR）"项目将对有关空战和导弹战的国际人道法规则进行编纂列入规划，旨在梳理和重述国际条约和国家实践中适用于空战和导弹战的习惯规则，意图形成一部从形式和效力上类似于1994年《圣雷莫海上武装冲突国际法手册》的文件，以弥补国际社会缺乏空战和导弹战国际法文件的缺憾。该手册由美国哈佛大学研究院牵头，由全世界20多名专家组成起草委员会，中国人民大学朱文奇教授[①]是委员之一。西安政治学院王海平教授[②]参加了草案文本及评注的磋商会。[③]专家小组讨论与起草

---

① 朱文奇教授在接受西安政治学院司利芳编辑的采访时，专门提到参与起草《空战和导弹战规则国际人道法手册》之事。见司利芳. 以强烈的责任心和使命感关注国际人道法及其发展——访国际人道法著名学者朱文奇 [J]. 西安政治学院学报，2009(4).

② 2008年3月28日，项目主任、美国哈佛大学克劳德·布洛德林 (Claude Bruderlein) 先生和中国人民大学法学院朱文奇教授代表专家组，与中国军事法学会部分专家，就2008年草案文本及评注进行了广泛深入的磋商。王海平教授参加了磋商会.

③ 王海平教授曾撰文就参会情况做了介绍，并就"手册"草案中存在的问题进行了讨论。见王海平.2008年《空战和导弹战国际人道法手册》草案亟待解决的几个问题 [J]. 西安政治学院学报，2008(2)：94–99.

的都是属于战争法最新和最前沿问题。例如：关于空战中导弹攻击目标的法律问题；空战中交战方对第三国利益保护问题；外空通讯对空战影响及其法律问题；以及多国部队在空战中的法律责任问题，等等。朱文奇教授认为，这个会议"如果从跟踪了解人道法或导弹新发展方面讲，是有相当收获的"。[①]红十字国际委员会参与了该手册的前期研讨工作，但后来因为意见分歧而退出。

《空战和导弹战规则国际人道法手册》对国家没有强制执行力，但由于它是空战领域唯一的法律文件，可能对有的国家及其军队产生一定的影响作用。对此我们应当予以关注。

（三）依据缔结条约规定，完善国内相关立法

红十字国际委员会在广泛传播国际人道法的同时，也积极呼吁各国依据国际人道法的条约规定，完善国内相关立法。我国注意国际人道法的实施，也积极完善国内相关立法。立法活动有两种方式：一是在有关法律法规中加入体现条约要求的条款，二是制定专门的法律法规。目前已经制定了大量的法律、法规、规章，建立了与国际人道法相关的比较完备的国内法律体系。

1. 在有关法律法规中加入特定条款

（1）《宪法》。作为国家的根本大法，《宪法》第5条规定："一切国家机关和武装力量、各政党和各社会团体、各企业事业组织都必须遵守宪法和法律。一切违反宪法和法律的行为，必须予以追究。"第32条规定："中华人民共和国保护在中国境内的外国人的合法权利和利益，在中国境内的外国人必须遵守中华人民共和国的法律。中华人民共和国对于因为政治原因要求避难的外国人，可以给予受庇护的权利。"宪

---

① 司利芳.以强烈的责任心和使命感关注国际人道法及其发展——访国际人道法著名学者朱文奇 [J]. 西安政治学院学报，2009(4)：125.

法以上条款都体现了国际人道法的精神。

（2）《国防法》。作为我国的军事基本法，《国防法》第18条规定："中华人民共和国的武装力量必须遵守宪法和法律，坚持依法治军。"第67条规定："中华人民共和国在对外军事关系中遵守同外国缔结或者加入、接受的有关条约和协定。"此外，《国防法》还规定，中国人民解放军应当开展拥政爱民活动，加强军民团结；现役军人应当发扬人民军队的优良传统，模范遵守宪法和法律，严守纪律，热爱人民。保卫人民，完成抢险救灾等任务。

（3）《刑法》。作为惩治战争犯罪的主要法律，主要表现在两个方面：一是在总则中，对刑法的基本原则、管辖权、犯罪构成、刑事责任、刑罚等做出了符合国际人道法要求的规定。如《刑法》第3条，只有法律明文规定为犯罪行为的，才能定罪处刑；第12条，法律不得溯及既往；第49条，犯罪时不满18周岁和审判时怀孕的妇女不适用死刑等。二是在分则中，将各种严重违反国际人道法的行为明确规定为犯罪行为。如危害公共安全罪中的非法买卖、运输核材料罪，非法制造、买卖、运输、储存、投放毒害性、放射性物质和传染病病原体罪，非法制造、销售、持有枪支罪；侵犯公民权利罪中的故意杀人、故意伤害、强奸、煽动民族仇恨民族歧视罪；侵犯财产罪中的抢劫、抢夺、故意毁坏公私财物罪，挪用救灾款物罪；扰乱公共秩序罪中的聚众"打砸抢"罪，侮辱尸体罪，编造生化威胁、放射威胁罪；妨害文物管理罪中的故意损毁文物罪，盗掘古文化遗址、古墓葬罪，抢夺国家档案罪；危害公共卫生罪中的传染病菌种、毒种扩散罪；破坏环境保护罪中的非法排放、倾倒、处置放射性废物、含传染病病原体的废物罪；强迫卖淫罪以及军人违反职责罪中的故意遗弃伤病军人罪，拒不救治危重伤病军人罪，残害居民、掠夺居民财物罪，虐待俘虏罪等。《刑法》

中体现国际人道法要求的条款最为广泛。

（4）《刑事诉讼法》。《刑事诉讼法》从程序法的角度体现了国际人道法有关公正审判的要求。《刑诉法》第5条规定，人民法院和检察院依法独立行使职权，不受任何机关、团体和个人的干涉；第6条规定，公民在适用法律上一律平等；第11条规定，被告人有权获得辩护；第12条规定，未经法院依法判决，对任何人不得确定有罪；第196条规定，宣告判决一律公开进行等，都直接体现了《日内瓦公约》的规定。

（5）中国人民解放军《纪律条令》。第5条规定，中国人民解放军的纪律，要求每个军人必须把革命的坚定性、政治的自觉性、纪律的严肃性结合起来，统一意志、统一指挥、统一行动，有令必行、有禁必止，严格执行党的路线、方针、政策，遵守国家的宪法、法律、法规，执行军队的法规制度，执行上级的命令和指示，执行三大纪律、八项注意，用铁的纪律凝聚铁的意志、锤炼铁的作风、锻造铁的队伍，任何时候任何情况下一切行动听指挥、步调一致向前进。第123条规定，"战时故意损伤无辜居民，或者故意侵犯居民利益，情节较轻的，给予记过、记大过处分；情节较重的，给予降职（级）、降衔（级）、撤职处分"。第124条也规定，"虐待俘虏，情节较轻的，给予警告、严重警告处分；情节较重的，给予记过、记大过处分；情节严重的，给予降职（级）、降衔（级）、撤职处分"。

此外，《兵役法》《戒严法》《征兵工作条例》《军品出口管理条例》《技术进出口管理条例》《人民防空法》《枪支管理法》《文物保护法》《环境保护法》《环境影响评价法》，我军《环境保护条例》等都包含有实施国际人道法的条款。

2. 制定专门的法律法规

（1）2017年实施的《中华人民共和国红十字会法》和《红十字标

志使用办法》。《红十字会法》对中国红十字会的法律地位、职权职责、组织经费以及红十字标志在中国境内的保护性使用和标明性使用做了明确规定，从法律上保证了红十字标志在中国境内受到尊重、中国红十字会能够在战时开展有效的救助行为。为了落实《红十字会法》中有关红十字会标志使用的相关规定，国务院和中央军委又联合颁布了《红十字标志使用办法》，就红十字标志的保护性使用、标明性使用和禁止使用等事项，进行具体规范。该办法还具体规定了武装冲突中可以使用保护性红十字标志的五种人员、四种机构或组织，禁止使用红十字标志的七种场所和情形，以及对违反红十字标志使用办法行为的处罚。

（2）有关防止大规模杀伤性武器扩散的法律。我国已经建立了涵盖核、生、化、导弹等各个领域的完备的防扩散法律体系，包括《核材料管制条例》及其实施细则、《核出口管制条例》《核两用品及相关技术出口管制条例》《核进出口及对外核合作保障监督管理规定》《生物两用品及相关设备和技术出口管制条例》《监控化学品管理条例》及其实施细则、《有关化学品及相关设备和技术出口管制办法》《导弹及相关物项和技术出口管制条例》等。我国明确将非法制造、运输、储存或投放毒害性物质和传染病病原体等危害公共安全的行为定为犯罪，并予以惩处。

（四）以军事斗争为牵引，做好研究和应用国际人道法工作

1.将遵守国际人道规则列入部队训练和演习内容

国际人道法适用于武装冲突，要保证其在武装冲突中得以适用，必须在平时就采取法律和行政手段，广泛传播国际人道法知识，将遵守国际人道法规则列入部队训练和演习内容。

从1986年起，在国家统一部署下，全军连续实施了五个"五年普法教育"，其中与国际人道法有关的法制教育内容也得到逐步充实和丰富。我军部队每年的教育训练大纲都列有保护平民、宽待俘虏等有关国际人道法的内容，新兵入伍后首先进行有关的基本教育，分配到部队后继续随部队接受进一步教育。部队教育训练中已有的群众工作、俘虏工作内容越来越紧密地与国际人道法联系在一起，并将有关国际人道法的教育训练内容纳入部队演习和执行任务中。部队在开展野战训练和演习以及执行任务时，都对官兵进行正确处理军民关系的教育，要求遵守"三大纪律八项注意"，保护老百姓的生命和财产；较大规模的军事演习，都安排遵守群众纪律、保护平民生命财产，对战俘进行收容、救治、保护和管理等演练内容；针对特殊任务，还进行针对性教育，确保法律得以实施。

另外，我军颁发的一些普法书刊中，如《法学概论》《士兵手册》《军队指挥员法律手册》等，也包含国际人道法的主要内容。这些普法书刊一方面可以普及国际人道法的基础知识，如人道主义保护原则、关于作战手段和方法的具体规定，以及战场纪律等知识。另一方面，可以培训正确处置作战中相关涉法问题的能力，使国际人道法既不束缚自己手脚，又成为保护自己、战胜敌人的锐利武器。

2. 运用国际人道法，合理进行目标选择与打击

合理进行目标选择与打击就是在武装冲突时要区分军事目标与非军事目标，区分战斗员与平民，以减少武装冲突中的损失。区分原则是武装冲突中保护平民的各项制度的基石，也是国际人道法的精髓所在。

第一，注意对交战主体的区分，即对战斗员与非战斗员、武装部队人员与平民的区分。战斗员与非战斗员的区分是局限于武装部队内的划分。战斗员是直接参与战斗行为的人，是合法的战争行为主体，可成为敌方直接攻击的对象；非战斗员是在武装部队中从事辅助性事务工作的人员，包括国际法所特别规定的几种特殊人员，如战地记者、随军外交官等。平民是武装部队之外的人员，既不直接也不间接地参

与战斗。任何以平民为直接攻击对象的武装行动都是非法的战争行为。但当平民携带武器公开参与战斗或为武装部队服务时，他们就改变了原有的平民身份，被置于额外的危险下，会受到战争行为直接或间接的伤害。总之，由于三者参与战斗行为的程度不同，即直接参与、间接参与、不参与，相应地，战斗员是交战双方进行战斗行为的主体，是彼此攻击的对象；非战斗员不能作为战斗行为直接或故意的攻击对象，但无法避免因战斗行为间接受到的伤害；平民则在任何情况下，都不能成为直接的攻击对象。

第二，注意对攻击目标的区分，即对军事目标和民用物体的区分。一般情况下，对军事行动有重要意义的建筑、设施等物体，如武装部队的军事装备、具有战略重要性的交通要道、兵工厂等都是军事目标，是武装冲突中的攻击目标；而那些由于其性质、位置、目的或用途，不会对军事行动产生影响，即在当时情况下，其全部或部分的毁坏或缴获，不会产生明确军事利益的财产，都属于非军事目标。这种区分的关键在于确定物体的战略意义。当民用财产被交战方武装部队利用或征用时，它们就转化为军事目标。平民撤离后被军队占领的民用建筑也是军事目标。

3. 正确、灵活地对待和使用保护性标志

保护性标志是指国际法规定的在武装冲突中保护武装部队医疗服务、设备和建筑的可视记号，这些标志还可保护某些为减轻伤者、被关押者和身陷冲突之平民的苦难而与军队一同开展工作的人道组织。红十字保护性标志是红十字运动的象征，是国际人道法常用的保护性标志之一，是武装力量医疗机构的特定标志，是红十字会的专用标志。该标志表明：这是一个不应受到攻击的人或物；这是一个受到国际人道法保护的人或物；这些是与红十字运动有关的人或物。带有这一标志的人或物，在法律上既享有权利，同时也承担着义务。为确保红十字保护性标志得到普遍尊重与保护，1949年《日内瓦公约》各缔约国有义务颁布国内立法，规范标志的使用，防止并惩罚在武装冲突及和平时期未经授权使用标志的行为。仅制定规则及施以惩罚并不足以遏制标志被滥用。国家当局还有责任告知公众、商界及医疗界如何正确使用标志。在武装冲突中，正确、灵活地运用保护性标志，对保障作战手段和方法及各种人道保护的落实有重要的意义。

国际人道法常用的保护性标志包括：

（1）红十字、红新月标志

该标志是白底红十字或白底红新月。红十字的形状没有专门的规定，但所用正十字已经成为惯例，四臂长度相等，并且不延伸到底框的边缘。一些国家采用红新月标志。按照《日内瓦公约》和两个附加议定书的规定，该标志主要用于受公约及附加议定书保护的医疗队和医务人员、医疗建筑和运输工具上面，也可以用于标志受保护的地区。

（2）民防标志

民防标志是橙色底蓝色等边三角形。这是国际上特定的民防标志，用以保护民防组织及其人员、房屋、设施，也适用于平民避难的场所。除这种特殊记号外，武装冲突各方还可以商定使用识别民防的特殊信号。

（3）保护含有危险力量的工程和装置的标志

攻击含有危险力量的工程或装置，如堤坝和核发电站等，可能引起该工程或装置危险力量的释放，将对平民居民造成严重的损失，故给予特殊的保护。《日内瓦公约》第一附加议定书》第56条解释和说明了"对含有危险力量的工程和装置的保护"，也规定了三个停止受保护的情况。① 为了便利识别，用同一轴线上一组三个鲜橙色圆形所构成的特殊记号标明。② 没有这种标记，并不免除冲突任何一方依据本条所承担的义务。

（4）保护文化财产的标志

属于任何人民的文化财产遭受损失，都是全人类文化遗产所遭受的损失。1954年签署了关于发生武装冲突时保护文化财产的公约，规定使用蓝白盾牌标志来表明文化财产。③

除此之外，保护性标志还包括受保护地区的标志、表明要求停火谈判的标志、战俘营标志、平民拘禁营标志等。

4. 灵活处置国际人道法的守势反用

国际人道法的守势反用，是指利用国际人道法的有关保护性规定，却不去满足受保护的条件，以逃避攻击或使对方不好攻击，或使对方不能履行有关义务，从而获取军事上和政治上、道义上的利益。④ 国际人道法的守势反用最常见的是以法定受保护的对象来保护军事目标，以获取军事利益。依据国际人道法，平民居民、民用物体和文化财产、含有危险力量的工程和装置等，都是受保护的。并同时明确规定，军事目标和作战设施要远离受保护的对象，受保护对象不能作军事用途，

---

① 《日内瓦第四公约关于保护国际性武装冲突受难者的附加议定书（第一议定书）》第56条第二款规定："在下列情形下，应停止第一款所规定的免受攻击的特别保护：（一）对于堤坝，如果该堤坝是用于其通常作用以外的目的和用以使军事行动得到经常、重要和直接支持的，而且如果这种攻击是终止这种支持的唯一可能的方法；（二）对于核发电站，如果该核发电站是供应电力使军事行动得到经常、重要和直接支持的，而且如果这种攻击是终止这种支持的唯一可能的方法；（三）对于在这类工程或装置的位置上或在其附近的其他军事目标，如果该军事目标是用以使军事行动得到经常、重要和直接支持的，而且如果这种攻击是终止这种支持的唯一可能的方法。"

② 《日内瓦第四公约关于保护国际性武装冲突受难者的附加议定书（第一议定书）》第56条第七款。

③ 关于使用该识别标志的规定，主要是指1954年《关于在武装冲突中保护文化财产海牙公约》的第6条、第10条、第16条和第17条以及《公约实施条例》的第20条．

④ 俞正山．武装冲突法[M]．北京：军事科学出版社，2001：144．

含有危险力量的工程和装置不能用以为军事提供直接的、主要的、长期的支持。如果对方将作战平台和军事设施设置在平民聚集区内、文化财产建筑和危险装置周围，或长期使用核电站为军事斗争提供基本电源，显然就是利用了国际人道法的相关规则，守势反用，让我方处于两难境地。若进行攻击，有可能造成大于军事利益的平民生命财产和文化财产的损失，被指责为不分皂白的攻击、违反国际人道法；若不攻击，对方的军事利益得到保护，而这种保护却是因违法所得。因此，灵活处置国际人道法的守势反用显得十分重要。

如果没有军事上的迫切需要，且不构成重大威胁，也不影响战事发展的全局，则以打法律战为主，即向敌国民众和全世界揭露敌方违反国际人道法的阴谋和行为，制造舆论以获取我国的政治和道义上的支持。如果确实有军事上的迫切需要，不对其实施攻击会给我方带来重大的甚至是根本性的危害，就要坚决进行攻击，攻击的同时，一方面应尽量减轻给平民居民、文化财产带来的损失，另一方面要做好法律解释工作，向世界告知，这种附带给民众的损失，是由于对方违反武装冲突法造成的，我方的攻击完全符合国际人道法的规定。

设置武装冲突法陷阱是守势反用的另一种情形。它利用国际人道法的规定，设置一个圈套，使对方的合法作战变成了非法攻击，从而在政治上陷于被动。① 例如将战俘或拘留人员关押在由军事设施改造的防空洞内，若对方仍对该目标进行攻击，则会造成战俘或拘留人员伤亡，然后广为宣传，使对方在政治上和道义上陷入被动。对于这种情况，我军应保持高度警惕，加强情报工作，避免上当。如若上当了，也要立即向全世界公布真实情况，以取得舆论上的优势，变被动为主动。

---

① 俞正山.武装冲突法 [M].北京：军事科学出版社，2001：145.

结　语

保护人们免受战争侵害的理念是与人类文明同步发展的，发展过程挫折并坎坷，道路艰难又漫长。我们现在看到的国际人道法，是以红十字国际委员会为代表的众多奋斗者努力达成的结果。而我们希望，这种理念能够持续影响到现在和将来的国际社会：暴力能得到控制，痛苦能够减轻，无谓的伤亡也能得以幸免。

本书从红十字国际委员会对国际人道法的发展贡献角度入手，对两者的理论与实践互动进行了系统研究。首先分析了红十字国际委员会产生的独特社会基础和文化根源，指出亨利·杜南及其撰写的《索尔费利诺回忆录》一书，是国际红十字运动的起源；伤兵救护国际委员会的成立为红十字国际委员会的诞生奠定了物质基础；1863年日内瓦国际会议的召开，则标志着红十字国际委员会的正式诞生。作为国际非政府组织，红十字国际委员会享有特殊的国际法地位，如承认国家红十字会、维护国际红十字与红新月运动的基本原则、在武装冲突或内乱中协调国际救援行动等。此外，《日内瓦公约》及其附加议定书还为红十字国际委员会创设了一系列的权利和义务，包括为战俘和受保护的平民设立中央情报所、探视战俘和被拘留平民、充当保护国等。

红十字国际委员会在国际人道法的创立、形成和发展阶段都有着显著的贡献。从第一部《日内瓦公约》的诞生，到《海牙公约》《圣雷莫国际海上武装冲突法手册》《渥太华公约》《集束弹药公约》等一系列重要国际人道法文件的形成，国际人道法的创立、发展、完善都表现出红十字国际委员会的积极推动。红十字国际委员会在国际人道法的诠释与编纂方面同样发挥了较为重要的作用：这主要体现在红十字国际委员会对国际人道法基本原则和主要条约的诠释上；对习惯国际人道法的编纂以及出版的研究报告《习惯国际人道法》获得广泛关注。

红十字国际委员会在推动实施国际人道法方面也发挥了重要的作用，包括协助各国促进国际人道法的传播，实施人道主义保护和救援等。红十字国际委员会在实践国际人道法中也面临一些问题，如在实施保护平民工作方面对平民概念界定不明确、相关保护规定不完善；在遵守探视中的保密原则方面，面临着保密原则是否应被坚持的问题，还有国际刑事法庭的作证问题；与国家管辖权的争端问题，等等。这些问题的提出与解决，期待能对红十字国际委员会和国际人道法的发展产生某种推进作用。

红十字国际委员会与中国的国际人道法实践有着密切的关系。国际人道法在中国的普及和发展，受到了红十字国际委员会的大力支持和推动。在当前国际红十字运动与国际人道法受到国际社会日益重视的情况下，我国与红十字国际委员会的合作交流应遵循维护国家主权、维护国家利益的原则，谨慎加入国际人道法条约，积极参与国际人道法条约的制定，努力完善国内相关立法，做好研究和应用国际人道法工作。

由于红十字国际委员对国际人道法的贡献既是一个理论问题，同时也是一个实践问题，笔者掌握的资料有限，实践方面的经验也存在不足。因此，书中难免有疏漏和不足之处，有待后续研究继续丰富和完善。

参考文献

一、中文类

（一）著作

[1] 孙柏秋主编 . 百年红十字 [M]. 合肥：安徽人民出版社，2003.

[2]〔瑞士〕亨利·杜南 . 杨小宏译 . 索尔费利诺回忆录 [M]. 济南：山东友谊出版社，1998.

[3] 王杰，张海滨，张志洲主编 . 全球治理中的国际非政府组织 [M]. 北京：北京大学出版社，2006.

[4] 朱文奇 . 国际人道法 [M]. 北京：中国人民大学出版社，2007.

[5] 宋新平 . 武装冲突法研究 [M]. 西安政治学院训练部，2009.

[6] 俞正山 . 国际人道法研究 [M]. 北京：解放军出版社，2010.

[7] 王铁崖 . 中华法学大辞典·国际法学卷 [M]. 北京：中国检察出版社，1996.

[8] 梁西 . 国际法 [M]. 武汉：武汉大学出版社，2007.

[9] 梁西 . 国际组织法 [M]. 武汉：武汉大学出版社，2001.

[10]〔英〕詹宁斯，瓦茨修订 . 奥本海国际法（第一卷第一、二分册）[M]. 北京：中国大百科全书出版社，1995.

[11] 中国人民解放军法律战专业研究中心，武装冲突法研究所编

译.尊重国际人道法 [M].西安政治学院科研部，2006.

[12] 王铁崖等编.战争法文献集 [M].北京：解放军出版社，1989.

[13] 俞正山.武装冲突法 [M].北京：军事科学出版社，2001.

[14] 俞正山.寸心集 [M].北京：解放军出版社，2010.

[15] 中国人民解放军西安政治学院武装冲突法研究所译.战争与法律—自 1945 年以来 [M].西安政治学院科研部，2011.

[16]〔比〕让 - 马里·亨克茨,〔英〕路易丝·多斯瓦尔德 - 贝克.习惯国际人道法 [M].北京：法律出版社，2007.

[17]〔加〕卡列维·霍尔斯蒂.王浦劬等译.和平与战争—1648-1989 年的武装冲突与国际秩序 [M].北京：北京大学出版社，2005.

[18]〔美〕尼尔·K.考默萨.法律的限度——法治、权利的供给与需求 [M].北京：商务印书馆，2007.

[19]〔英〕尼古拉斯·惠勒.拯救陌生人——国际社会中的人道主义干涉 [M].张德生，译.北京：中央编译出版社，2011.

[20] 盛红生,杨泽伟,秦小轩.武力的边界 [M].北京：时事出版社，2003.

[21] 段洁龙主编.中国国际法实践与案例 [M].北京：法律出版社，2011.

[22] 杨泽伟.国际法析论 [M].2 版.北京：中国人民大学出版社，2007.

[23]〔美〕玛莎·费丽莫.国际社会中的国家利益 [M].袁正清,译.杭州：浙江人民出版社，2001.

[24] 王可菊主编.国际人道主义法及其实施 [M].北京：社会科学文献出版社，2004.

[25] 朱文奇.国际人道法文选 2001-2002[M].北京：商务出版社，

2004.

[26] 朱文奇 . 国际人道法文选 2003[M]. 北京：解放军出版社，2005.

[27] 朱文奇 . 国际人道法文选 2004[M]. 北京：法律出版社，2006.

[28] 朱文奇 . 国际人道法文选 2005[M]. 北京：法律出版社，2007.

[29] 朱文奇 . 国际人道法文选 2006[M]. 北京：法律出版社，2008.

[30] 刘家新，齐三平主编 . 战争法 [M]. 北京：中国大百科全书出版社，2007.

[31] 肖凤城 . 中立法 [M]. 中国政法大学出版社，1999.

[32] 罗国强 . 国际法本体论 [M]. 法律出版社，2008.

[33] 万鄂湘等 . 国际条约法 [M]. 武汉：武汉大学出版社，1998.

[34] 武装冲突法——现状、展望与训练，红十字国际委员会东亚地区代表处与中国人民解放军总政治部办公厅联合印刷，2006.

[35] 〔比〕让 - 马里·亨克茨 . 习惯国际人道法研究：对在武装冲突中理解与遵守法治的贡献，红十字国际委员会东亚地区代表处，2007.

[36] 〔美〕小约瑟夫·奈 . 理解国际冲突：理论与历史 [M]. 张小明，译 . 上海：上海人民出版社，2011.

[37] 〔美〕杰克·戈德史密斯，埃里克·波斯纳 . 国际法的局限性 [M]. 龚宇，译 . 法律出版社，2010.

[38] [澳] 杰里·辛普森 . 大国与法外国家 [M]. 朱利江，译 . 北京：北京大学出版社，2008.

[39] 〔英〕菲利普·桑斯 . 无法无天的世界——当代国际法的产生与破灭 [M]. 单文华，赵宏，吴双全，译 . 北京：人民出版社，2011.

[40] 王祥山 . 非国际性武装冲突的国际人道法适用问题 [M]. 北京：

中国人民大学出版社，2011.

[41] 邢广梅.国际海上武装冲突法的历史演进 [M].北京：法律出版社，2011.

[42]〔瑞士〕让·皮克泰.国际人道法的发展和原则 [M].王海平，译.西安政治学院，2009.

[43] 池子华.红十字与近代中国 [M].合肥：安徽人民出版社，2004.

[44] 赵白鸽主编.中国国际人道法：传播、实践与发展 [M].北京：人民出版社，2012.

[45] 国际人道法中直接参加敌对行动定义的解释性指南，红十字国际委员会东亚地区代表处，2009.

[46] 对《1949年8月12日《日内瓦公约》关于采纳一个新增特殊标志的附加议定书》(《第三议定书》) 的评论，红十字国际委员会东亚地区代表处，2007.

[47] 红十字国际委员会 2011-2014年战略.红十字国际委员会东亚地区代表处，2011.

[48] 红十字国际委员会的使命与工作.红十字国际委员会东亚地区代表处，2010.

[49] 在非国际性武装冲突中促进遵守国际人道法.红十字国际委员会东亚地区代表处，2010.

[50] 战争中的法律保护——关于国际人道法当代实践的案例、文件与教学资料.红十字国际委员会东亚地区代表处，2006.

[51] 国际人道法问答.红十字国际委员会东亚地区代表处，2008.

[52] 国际人道法基础.红十字国际委员会东亚地区代表处，2006.

[53] 区分：保护武装冲突中的平民.红十字国际委员会东亚地区

代表处，2007.

[54]1949年《日内瓦公约》及其1977年附加议定书的基本规则.红十字国际委员会东亚地区代表处，1988.

[55]通过有效《武器贸易条约》保护平民与人道行动.红十字国际委员会东亚地区代表处，2011.

[56]武器转让决定：适用国际人道法标准.红十字国际委员会东亚地区代表处，2010.

[57]新武器、作战手段和方法法律审查指南：1977年《第一附加议定书》第36条实施措施.红十字国际委员会东亚地区代表处，2008.

[58]国际人道法指南——《探索人道法》教师法律手册.红十字国际委员会东亚地区代表处，2009.

[59]红十字国际委员会援助政策.红十字国际委员会东亚地区代表处，2010.

[60]关注武器问题：减少武器泛滥造成的人员伤亡.红十字国际委员会东亚地区代表处，2009.

[61]法律与实践的融合.红十字国际委员会东亚地区代表处，2009.

[62]保护被拘留者：红十字国际委员会铁窗背后的行动.红十字国际委员会东亚地区代表处，2008.

[63]战争中行为的根源：了解并防止违反国际人道法的行为.红十字国际委员会东亚地区代表处，2009.

[64]暴力与使用武力.红十字国际委员会东亚地区代表处，2008.

[65]战争中的儿童.红十字国际委员会东亚地区代表处，2010.

[66]重建家庭联系战略及法律参考文件.红十字国际委员会东亚地区代表处，2009.

[67] 国内流离失所者 . 红十字国际委员会东亚地区代表处，2007.

[68] 被剥夺自由的人 . 红十字国际委员会东亚地区代表处，2009.

[69] 为受武装冲突和其他暴力局势影响者提供援助 . 红十字国际委员会东亚地区代表处，2011.

[70] 水与战争——红十字国际委员会的应对 . 红十字国际委员会东亚地区代表处，2010.

[71] 人道标志 . 红十字国际委员会东亚地区代表处，2007.

[72] 与各国红会合作 . 红十字国际委员会东亚地区代表处，2007.

[73] 国际红十字与红新月运动和非政府组织灾害救济行为守则 . 红十字国际委员会东亚地区代表处，1994.

[74] 走近红十字国际委员会 . 红十字国际委员会东亚地区代表处，2007.

（二）论文

[1] 丹尼尔·蒂雷尔 . 杜南的金字塔：关于"人道空间"的思考 [J]. 红十字国际评论，2007(865).

[2] 朱文奇 . 论国际红会的法律人格与法律地位 [J]. 西安政治学院学报，2010(2).

[3] 朱文奇 . 何谓"国际人道法" [J]. 武大国际法评论，第 1 卷 .

[4] 汪火良 . 论国际人道法在非国际性武装冲突中的适用 [J]. 湖北师范学院学报 (哲学社会科学版)，2005(1).

[5] 弗朗索瓦·比尼翁，张膑心译 . 红十字国际委员会和核武器：从广岛到 21 世纪初 [J]. 红十字国际评论，2005(859).

[6] 俞正山 . 国际人道法的界定及其与战争法、武装冲突法的等同问题 [J]. 西安政治学院学报，2009(6).

[7] 俞正山 . 对国际人道法基本原则及其研究的几点看法 [J]. 西安

政治学院学报，2010(5).

[8] 赵海峰, 李晶珠. 非政府组织与国际刑事法院 [J]. 当代法学，2007(5).

[9] 张侃. 目前执行国际人道法所面临的几个问题 [J]. 西安政治学院学报 [J]., 2011(3).

[10] 张侃. 国际人道法面临的挑战及对策思考 [J]. 西北工业大学学报 (社会科学版), 2005(2).

[11] 弗朗索瓦·布尼翁. 国际人道法的当代挑战 [J]. 西安政治学院学报，2004(4).

[12] 梁洁. 国际人道法研究的新成果——《习惯国际人道法》[J]. 学术探索，2008(1).

[13] 甄炳禧. 对经济全球化的再思考 [J]. 国际问题研究，2007(4).

[14] 让·艾伯特. 国际人道法关于武器的规则及其发展 [J]. 西安政治学院学报，2004（4）.

[15] 丘吉尔·埃伍姆布韦—莫诺诺，卡罗·冯·弗吕，李斌译. 通过红十字国际委员会与非洲联盟之间的合作促进国际人道法的发展 [J]. 红十字国际评论，2003（852）.

[16] 冷妹，毛国辉. 国际人道法对武器装备发展的影响——基于"动机 - 手段 - 后果"的路径分析 [J]. 南京政治学院学报，2007（5）.

[17] 李晖. 赴瑞士参加武装冲突法培训情况的体会与思考 [J]. 西北国防医学杂志，2007(6).

[18] 赵亮. 新武器法律审查问题初探 [J]. 西安政治学院学报，2010(2).

[19] 何笑冰，刘昕生. 海牙国际和平会议与国际法发展 [J]. 中国国际法年刊，1999.

[20] 郭阳.论国家传播国际人道法的义务 [J].西安政治学院学报，2009(3).

[21] 陈刚.新中国对国际人道法的贡献 [J].西安政治学院学报，2003(4).

[22] 李颖.国外近期武装冲突法研究综述 [J].西安政治学院学报，2010(2).

[23] 朱利江.关于地雷的国际法：现状与问题 [J].西安政治学院学报，2009(3).

[24] 王祥山.非国际性武装冲突适用国际人道法问题研究综述——兼论几个有争议的问题 [J].西安政治学院学报，2011(2).

[25] 胡世洪.《交战规则手册》评介 [J].西安政治学院学报，2010(1).

[26] 王海平，崔鹏，姜晓刚.2009年武装冲突法事件评述 [J].西安政治学院学报，2010(1).

[27] 张传江，解德海.战争法区分原则功能论析 [J].西安政治学院学报，2010(5).

[28] 司利芳.以强烈的责任心和使命感关注国际人道法及其发展——访国际人道法著名学者朱文奇 [J].西安政治学院学报，2009(4).

[29] 卡罗琳·穆尔黑德.不说邪恶——国际红十字会的尴尬.吴言，译.国外社会科学文摘，2005(8).

[30] 宋云霞，李莉.非国际性武装冲突中的中立问题法律分析 [J].西安政治学院学报，2010(3).

[31] 周晓玲.国际核安全法律制度评析 [J].西安政治学院学报，2010(4).

[32] 孙新昱.论国际非政府组织国际法律人格的承认 [J].山西师大

学报（社会科学版），2009(6).

[33] 黄卫东. 非政府国际组织应纳入国际法学研究范围 [J]. 沈阳师范大学学报（社会科学版），2005(3).

[34] 彭雪娇. 论非政府组织 (NGOs) 的国际法主体资格 [J]. 重庆工商大学学报 (社会科学版)，2008(1).

[35] 徐莹. 政治机会结构视角下国际非政府组织与发达国家间关系探析 [J]. 云南师范大学学报 (哲学社会科学版)，2008 (4).

[36] 斯图尔特·马斯伦，彼得·赫比. 在国际范围内禁止杀伤人员地雷"渥太华条约"的历史和谈判过程. 红十字国际评论，1998(325).

[37] 阿娜玛丽·拉罗萨. 人道组织与国际刑事法庭：尝试方枘圆凿. 廖凡，译. 国际人道法文选（2006），法律出版社，2008.

[38] 迟子华. 红十字的起源及其在中国的传播 [J]. 合肥学院学报（社会科学版），2004(1).

二、英文类

[1]Philippe Ryfman："Non-governmental organizations：an indispensable player of humanitarian aid"，International Review of the Red Cross, March 2007, Vol. 89,No.865.pp.21-45.

[2]Action by the International Committee of the Red Cross in the Event of Breaches of International Humanitarian Law, International Review of the Red Cross, March-April 1981.

[3]François Bugnion：The Role of the Red Cross in the Development of International Humanitarian Law，Chicago Journal of International Law，Summer 2004.

[4]François Bugnion：The International Conference of the Red Cross and Red Crescent：challenges, key issues and achievements, International Review

of the Red Cross, December 2009, Vol.91, No. 876, pp.675-712.

[5]Deborah Casalin and Christorpher Lamb: Participation of States in the International Conference of the Red Cross and Red Crescent and assemblies of other international organizations, International Review of the Red Cross, December 2009, Vol.91, No. 876, pp.733-758.

[6]Anne-Marie La Rosa and Carolin Wuerzner: Armed groups, sanctions and the implementation of international humanitarian law, International Review of the Red Cross, June 2008, Vol.90, No. 870, pp.327-341.

[7]Adam Roberts: The equal application of the laws of war: a principle under pressure, International Review of the Red Cross, June 2008, Vol.90, No. 872, pp.931-962.

[8]Sylvain Vité: Typology of armed conflicts in international humanitarian law: legal concepts and actual situations, International Review of the Red Cross, March 2009, Vol.91, No. 873, pp.69-94.

[9]Daniel Thürer: Dunant's pyramid: thoughts on the "humanitarian spece", International Review of the Red Cross, March 2007, Vol.89, No. 865, pp.47-61.

[10]David P. Fidler: Governing catastrophes: security, health and humanitarian assistance, International Review of the Red Cross, June 2007, Vol.89, No. 866, pp.247-270.

[11]Cordula Droege: In truth the leitmotiv: the prohibition of torture and other forms of ill-treatment in IHL, International Review of the Red Cross, September 2007, Vol.89, No. 865, pp.515-541.

[12]International humanitarian law and the challenges of contemporary armed conflicts, International Review of the Red Cross, September 2007,

Vol.89, No. 867, pp.719-757.

[13]Julian Wyatt：Law-making at the intersection of international environmental, humanitarian and criminal law：the issue of damage to the environment in international armed conflict, International Review of the Red Cross, September 2010, Vol.92, No. 879, pp.593-646.

[14]Mara Tignino：Water, international peace, and security, International Review of the Red Cross, September 2010, Vol.92, No. 879, pp.647-674.

[15]Strengthening Legal Protection for Victims of Armed Conflicts-The ICRC Study on the Current State of International Humanitarian Law, International Review of the Red Cross, September 2010, Vol.92, No. 879, pp.799-804.

[16]Marco Sassoli, Antoine A. Bouvier, How Does Law Protect in War, International Committee of the Red Cross, Geneva 2006

[17]David P. Forsythe, The Humanitarians, Cambridge University Press.2005.

[18] "Geneva Conventions of 12 August 1949 and Additional Protocols of 8 June 1977", Ratifications, accessions and successions as at 31 December 2001, established by the Center for legal documentation of the ICRC.

三、相关网站

[1] 红十字国际委员会官方网站：http：//www.icrc.org

[2] 联合国官方网站：http：//www.un.org

[3] 无国界医生组织官方网站：http：//www.msf.org

[4] 国际禁雷运动官方网站：http：//www.icbl.org

[5] 国际人道法研究网：http：//www.ihlresearch.org

后 记

　　终于，能够在2018年的最后一个夜晚，以稍稍平复的心绪写下这段文字了。有关书稿的困惑、构思的折磨、调研的辛苦、写作过程的纠结，都消散在无数个已经逝去的夜晚。

　　犹记我是1999年入道军事法，那时正值军事法学学科创立之初、蓬勃发展之际。近30年，我亲身经历了军事法学学科从小到大、由弱到强的发展历程，也自觉将自己的学习研究与这一学科的发展命运紧密融合。直到今天，如何将这一学科推广和普及开去，仍是每一个军事法学人的责任，这种学术使命已经深入骨髓、融入血液，这也是我撰写此书稿的最终目的。

　　书稿的写作得到了许多专家、教授的指导和帮助。我的两位导师——国防大学政治学院宋新平教授与田龙海教授对书稿框架的确定和内容的撰写都给予了悉心指导。原军委法制局肖凤城教授提供了重要的文献资料，并对书稿提出了修改建议。在调研过程中，红十字国际委员会东亚地区驻北京办事处的郭阳先生提供了宝贵的英文资料和红十字国际委员会的出版物。在此对给予关心和帮助的各位领导、专家、教授深表谢意。

　　家人的陪伴和支持是我前行最大的动力。感谢我的父母、我的先生和孩子们，正是有了他们的支持，学术研究才有了思想的温度。

　　我竭尽所能，想证明"一份努力一分收获"的真理从来都颠扑不破，但在"红十字国际委员会对国际人道法的贡献"这个距我如此遥远、面相如此复杂的论题身上，力不从心的感觉一直如影随形地困扰着我。由于专业水平有限，本书中难免会有一些疏漏和不足之处，恳请专家、同行和广大读者提出批评意见。

　　"偶有几茎白发，心情微近中年。做了过河卒子，只能拼命向前。"在未来的日子，我仍将继续围绕红十字国际委员会对国际人道法的贡献进行学习研究，以期为发展军事法学学科贡献绵薄之力。

缪露

2018年12月31日夜，于西安